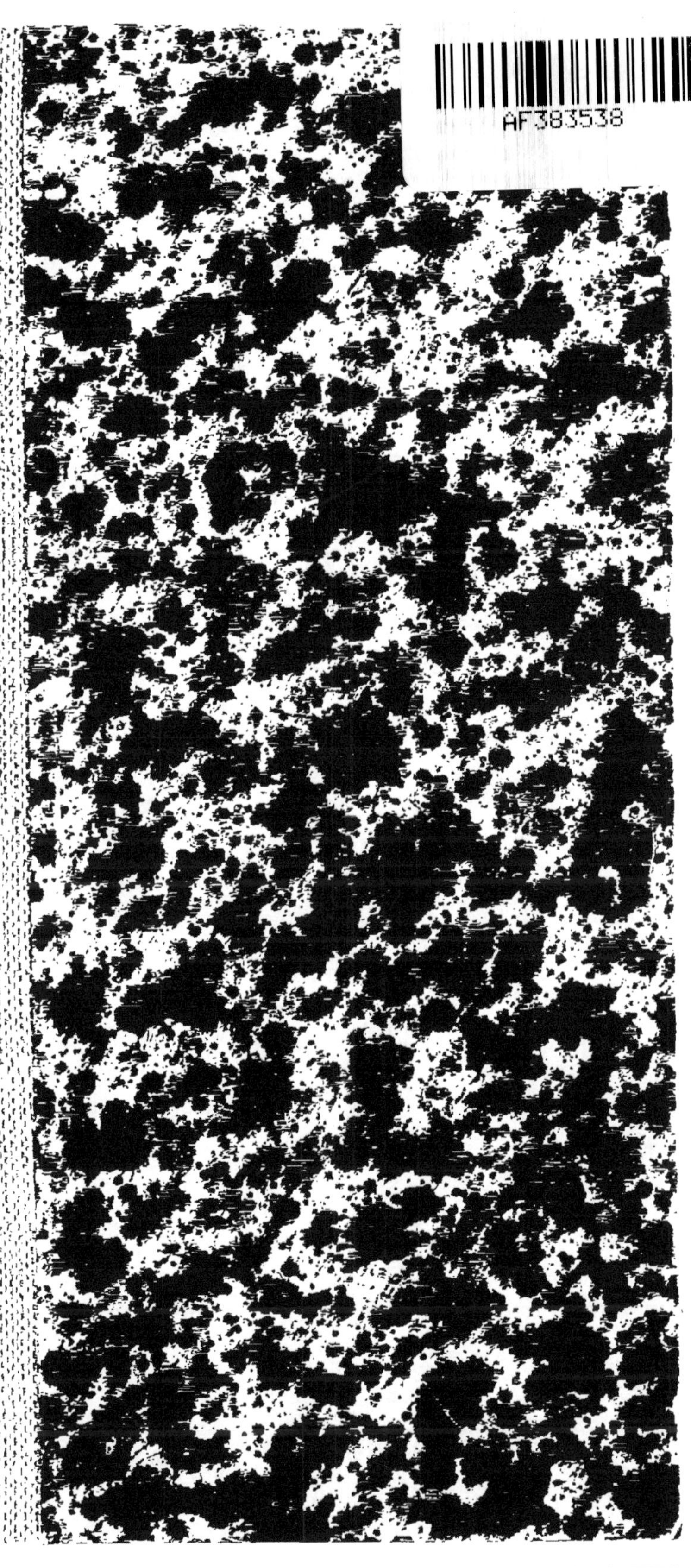

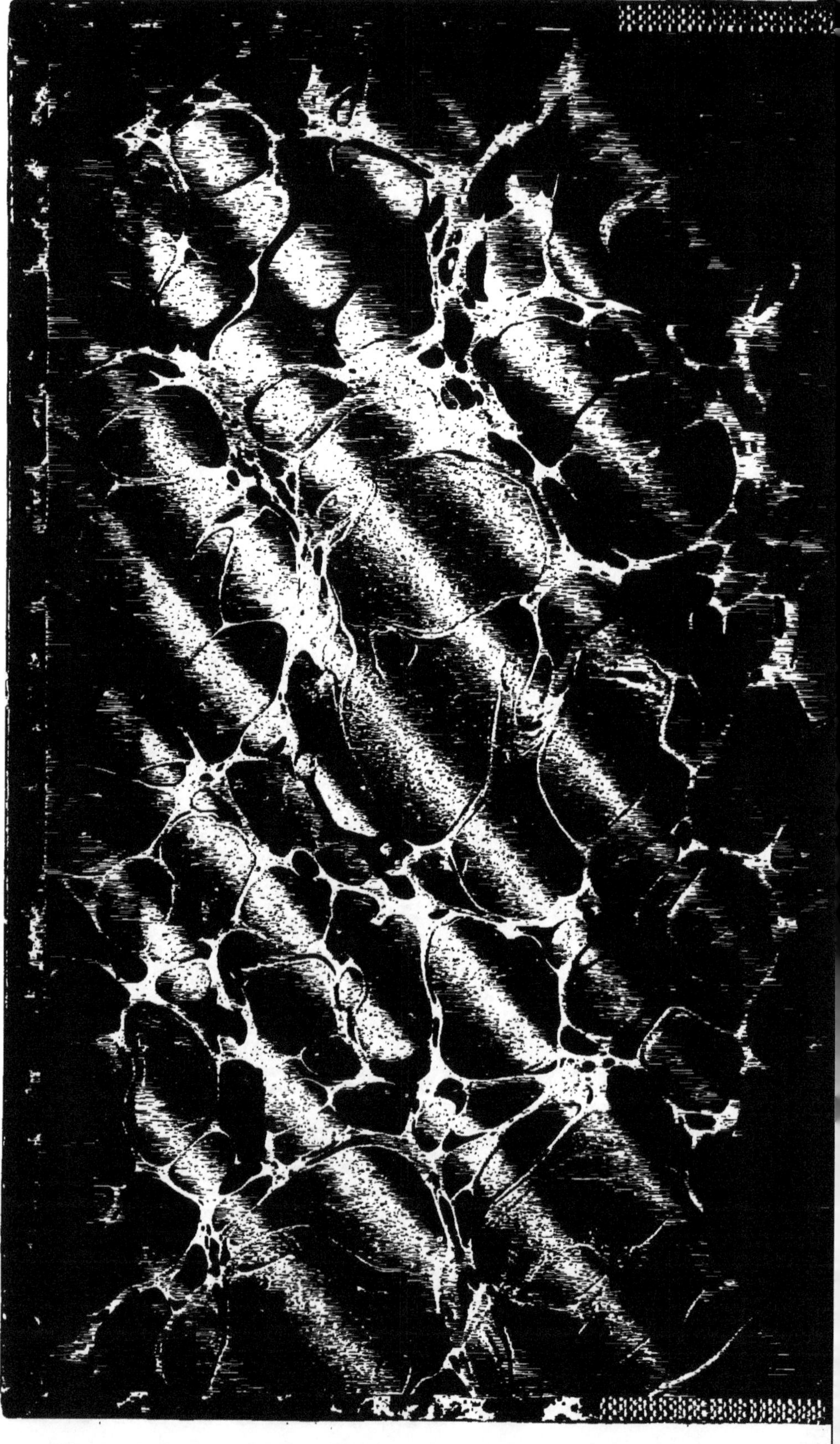

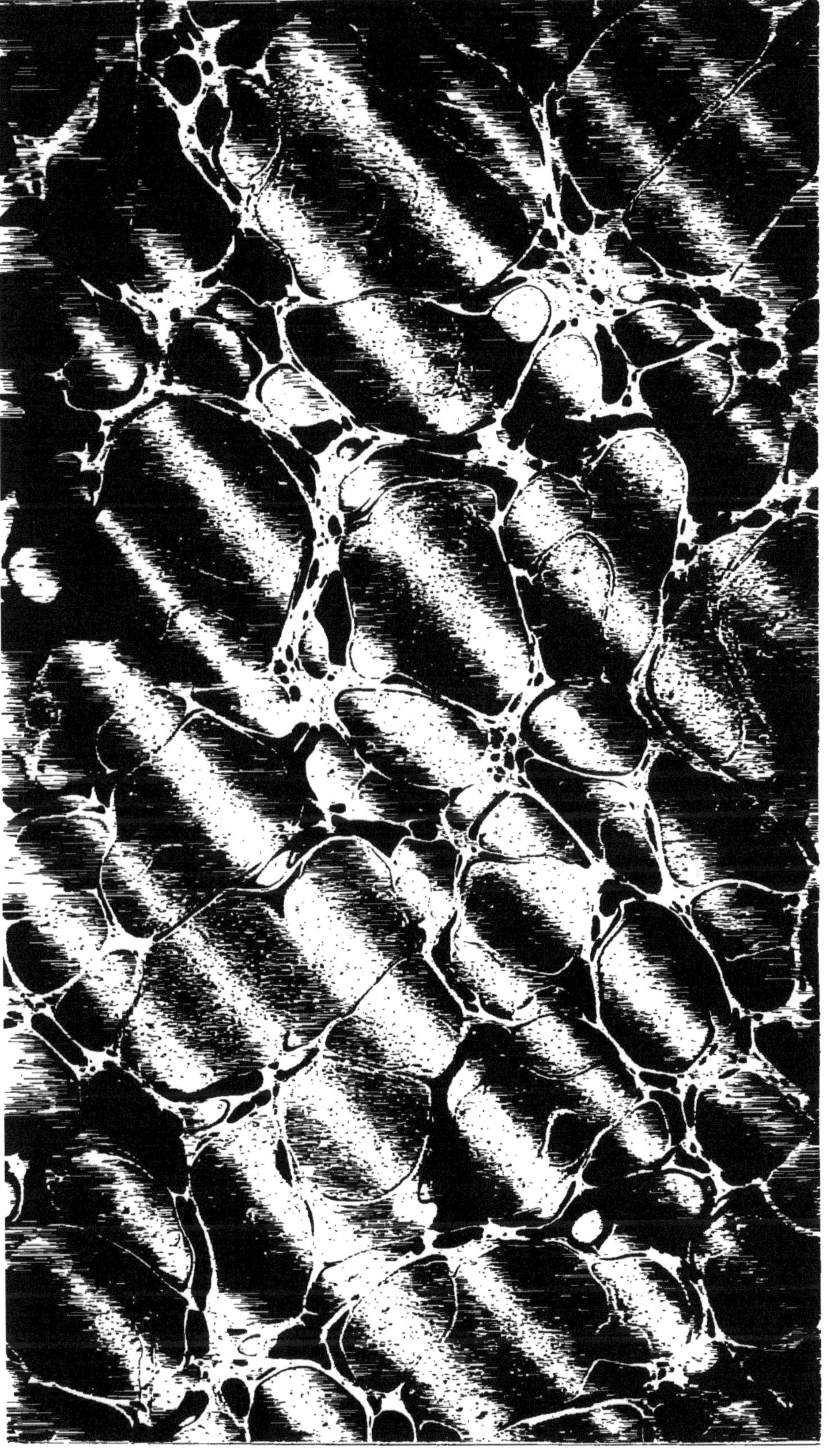

J. D[illegible] [illegible]R [illegible]

LES VOLONTAIRES

DE 1870

EDGAR RODRIGUES

LES VOLONTAIRES
DE 1870

PARIS

MICHEL LÉVY FRÈRES, ÉDITEURS
Rue Auber, 3, place de l'Opéra

LIBRAIRIE NOUVELLE
Boulevard des Italiens, 15, au coin de la rue de Grammont

1874

AVANT-PROPOS

Jadis, au moment d'entreprendre une guerre,
nos pères, les Gaulois, tenaient un conseil militaire. Là, tous les jeunes gens devaient se
rendre en armes; celui qui arrivait le dernier
était *égorgé* en présence de tous, au milieu des
tourments... On comprend qu'un tel peuple ait
traversé la Germanie et l'Europe en vainqueur,
fondé des royaumes en Asie et balancé si longtemps le génie et la fortune de Rome.

C'est ainsi que l'histoire peut parler des Gaulois !!

Les Français d'aujourd'hui sont restés un « peuple guerrier, » dont les traditions militaires se sont singulièrement affaiblies. Ils doivent donc se souvenir de cet axiome : « les nations compromises n'ont d'autre salut à attendre que d'elles-mêmes. »

Certes, il faut souhaiter que bien des années s'écoulent avant qu'aucun homme politique de notre pays songe à entreprendre une nouvelle guerre; on doit même espérer que nos gouvernants sauront s'inspirer de la plus belle des maximes de l'antiquité :

« Avant de faire la guerre, il faut voir si, dans la balance des événements, l'intérêt qu'on espère en tirer l'emporte sur le dommage qu'on pourrait en craindre. »

Néanmoins, avec ses frontières ouvertes, la France doit désormais s'attendre à tout; afin d'éviter de nouvelles surprises et de si pénibles improvisations, il est indispensable de songer à ce qu'auraient pu faire les *Volontaires* en 1870:

Leur emploi tactique dans la dernière campagne n'a pu donner qu'une idée imparfaite de leurs mérites.

Malgré qu'on les ait si tardivement employés, gênés dans leur formation, mal dirigés dans les provinces et dénigrés dans certains bulletins, il est temps de reconnaître qu'eux seuls, pendant que tous les soldats de la France étaient vaincus, pris ou refoulés, se sont fait craindre de leurs ennemis directs, les uhlans, et ont mérité, à de rares exceptions, l'estime des généraux qui les ont commandés.

Pourquoi les hommes si compétents, chargés d'étudier la réorganisation de notre armée, ont-ils négligé la question des corps francs? Ils n'ignorent pourtant pas que l'organisation nouvelle qu'ils préconisent ne donnera des résultats que dans vingt ans.

Mais ces messieurs, faisant tous partie de l'armée, n'admettent rien de l'élément civil! Tous les projets d'*Éclaireurs d'état-major*, de

Guides [1] *départementaux*, de *Tirailleurs cantonaux*, etc., tous les plans de formation des
troupes franches en cas de guerre ont été sys-
tématiquement écartés !

On compte donc opposer encore aux uhlans
ou aux cosaques, des dragons ou des hussards !

Comme si des troupes de cavalerie régulière
pouvaient éclairer, conduire, protéger et ren-
seigner des armées en marche !

Mais revenons au volontaire.

A ce sujet, qu'il nous soit permis de donner
ici l'opinion d'un de nos plus vaillants généraux :

« Tout ce que j'ai lu sur la guerre, nous disait-il, tout ce que j'ai eu l'occasion de voir,
dans mes campagnes d'Afrique, d'Italie, du
Mexique et de France, me confirme dans cette
opinion que, pour se battre désormais, dans les

---

[1] Ce projet d'organisation de *Guides départementaux*,
émanant du commandant Favrot, avait reçu l'approba-
tion de M. le ministre de la guerre.

conditions où nous sommes, et sans préparation, *dix volontaires* vaudront toujours mieux
que *cent hommes* contraints de marcher.

» En effet, un volontaire se présente, parce
qu'il est brave, patriote, vigoureux, actif, presque toujours bon marcheur, chasseur adroit,
cavalier exercé, habitué aux intempéries, aux
fatigues, aimant le danger, prêt à tout...

» Vienne le jour du combat, le volontaire
sera capable de se couvrir de gloire!

» Au contraire, sur un bataillon de *milice*
réorganisée, pris dans la vie civile, ayant des
professions, des industries, contraints de
marcher tout à coup, combien trouverez-vous
d'hommes aguerris, solides et braves? »

Telle est la pensée qui m'a guidé dans la
préparation de cet ouvrage, où j'ai relaté les
hauts-faits de trois corps francs, en attendant
les renseignements [1] et les notes que peuvent

---

[1] Notre prochain volume traitera de six autres troupes
franches.

seuls me communiquer les chefs des autres troupes de volontaires.

J'ai contrôlé la plupart des faits, et, afin de prouver la vérité de ces récits, j'ai noté même les actes isolés d'insubordination, d'indiscipline ou de pillage — faits très rares — imputés invariablement aux francs-tireurs.

Puisse cette lecture éclairer nos législateurs à venir et réconforter la génération qui doit nous venger !

On est trop enclin à oublier à ce jour les leçons d'une catastrophe pareille à celle de 1871, et c'est le propre dés pays en décadence de détourner les yeux de leur défaite et de ne point vouloir qu'on leur parle des choses douloureuses de leur histoire.

Heureusement, la France n'est pas encore tombée si bas !

E. R.

Paris, 1874.

I

LES

VOLONTAIRES DE 1870

Dans un siècle où le bien-être matériel semble étouffer les plus nobles sentiments, où l'intérêt personnel passe trop souvent pour dominer l'intérêt général, il nous semble utile et juste de signaler les grands dévouements et d'honorer la mémoire de ceux qui, volontairement, ont concouru à la défense du pays.

Notre travail ne peut être que la préface d'un grand livre. Nous bornons nos désirs de volontaire à exposer ici une foule d'épisodes restés inconnus; notre but est de noter fidèlement la

part prise à la dernière guerre par les principaux corps francs : l'esprit général de ces
troupes improvisées, la nature des difficultés
avec lesquelles elles se sont trouvées aux
prises, et les efforts individuels les plus remarquables. Plus tard, l'histoire saura découvrir les motifs de cette décadence qui, énervant
notre virilité morale par une vaniteuse quié-
tude, nous a laissés effarés, dépourvus de tout,
à la première défaite de nos armes, et absolument incapables de ce grand effort national
qui « aurait dû soulever tout un peuple derrière sa frontière menacée. »

Il est un fait, c'est qu'en 1870 l'armée française avait seule charge de patriotisme! Aussi,
quand nos valeureux soldats eurent succombé
sous le nombre, l'invasion prussienne se fit une
route presque facile dans un pays de trente
millions de citoyens!

INVASION! ce mot terrible réveilla pourtant
bien des courages assoupis... Lorsqu'un jour
l'histoire apprendra à nos enfants comment, à
l'heure du danger, Paris — la ville folle — se
leva pour repousser l'ennemi menaçant, quand

il sera possible d'énumérer, sans passion, les
immenses ressources que la capitale sut mettre
en œuvre, quand le récit véridique de ce drame,
le siége de Paris, aura été tracé, et lorsqu'on
aura montré cette muraille vivante de deux
millions d'êtres prêts à tout souffrir pour sauver l'honneur de la France... les générations
pourront se découvrir avec respect et rendre
justice à la *vaillance morale* des Parisiens.

Il nous a été donné d'assister aux combats
de Sarrebrück, de Forbach, de Borny et à
toutes les batailles sous Paris; nous n'en ferons
pas, après tant d'autres, le récit complet, mais
on trouvera dans nos *Notes prises sur les champs
de bataille* des détails d'une réalité saisissante,
des faits trop peu connus, des incidents auxquels nous avons été mêlés. Loin de chercher
à dramatiser notre récit, nous avons rapporté
simplement et fidèlement les impressions que
nous avons ressenties depuis le jour où la
guerre fut déclarée jusqu'au lendemain de la
paix. Quant aux principaux corps francs dont
nous nous occupons, soldats de la république
ou soldats de la monarchie, quels que soient

leur parti, leurs grades, leurs chefs, tous ceux qui, volontairement, ont combattu pour la défense du sol, ont droit à la reconnaissance publique et à notre respect.

La guerre fut officiellement déclarée à la Prusse, le 16 juillet 1870; chacun le sait. Dès le lendemain, de nombreuses demandes furent adressées au gouvernement français pour l'organisation et l'armement de *corps de volontaires.*

Le ministre de l'intérieur d'alors, M. Chevandier de Valdrôme, répondit à tous les solliciteurs en faisant publier et afficher les décrets du 28 mars 1868 par lesquels on avait réglé les obligations de ceux qui voulaient servir à titre *d'auxiliaires* dans l'armée.

Ce décret obligeait les volontaires à contracter un engagement d'un an et les assimilait aux soldats de la garde mobile, destinés, comme la garde nationale sédentaire, à défendre leurs foyers.

Le ministère de la guerre se déclara également hostile à toute organisation de corps francs et répondit à ceux qui voulaient marcher à l'ennemi : *Engagez-vous pour la durée de la guerre*. Les plus patriotes contractèrent sur-le-champ des engagements, et je vois sur les premières listes les noms de M. le duc de Blacas au 10e chasseurs à cheval ; duc de Massa, C. Beslay au 26e de ligne ; E. Boinvillers, officier de la Légion d'honneur, au 3e zouaves ; de Cassagnac, Robert Mitchell aux zouaves de la garde ; marquis de la Tourette au 5e cuirassiers ; Peyrusse au 3e zouaves ; A. Duruy au 1er tirailleurs algériens (turcos) ; Cochin, de Montbel au 8e lanciers ; Ernest Baroche aux mobiles de la Seine ; Eschassériaux, de Montvoisin, Boyer, procureur impérial, Odayer (65 ans), les frères Lacombe, de Plas (19 ans), Rousselot, Leroy, Bisson, Charles Guasco au 4e zouaves ; André, juge, de Quélen, au 13e de ligne ; Espinasse et le fils du baron Lambert aux grenadiers de la garde ; Giraudeau, Amédée Achard fils aux zouaves ; Gustave Lambert au 19e de ligne ; de Bedel aux chasseurs d'Afrique, Xavier Feuillant, Frémy, Haussmann, de Goyon, Kellerman aux chasseurs de la garde ; baron de Bourgoing aux cent-gardes ; de Belleyme aux guides ;

d'Auribeau (17 ans), fils du préfet, aux mobiles
de la Seine, ainsi que Sully-Prud'homme, le
poëte, Georges Patinot, secrétaire de M. Grévy,
et ses confrères du barreau, MM. Edmond et
Victor Lefranc, Léon Bernard-Derosnes, tous
volontaires au 13e mobiles... pour ne citer ici
que les hommes mariés ou ceux que leur âge
dispensait de tout service militaire. Ceux-là,
par leurs hautes relations, leur nom, ou grâce
à leur énergique persévérance, furent dis-
pensés de la formalité « de rejoindre le dépôt »,
car on envoyait aux dépôts des régiments, tous
les autres qui brûlaient de courir à la frontière !
Il en résulta un grand désappointement et un
temps d'arrêt dans l'élan national jusqu'au
moment où le patriotisme, se réveillant, ins-
pira les résolutions qui furent prises *malgré* le
gouvernement impérial. On pourrait relever
de nombreux faits dans le genre de ceux-ci :

Un industriel alsacien, M. Schlosser, directeur à Paris d'une importante manufacture rue
de la Roquette, équipe à ses frais deux cent
quatre-vingts ouvriers, et part avec son fils et
ses volontaires pour Saverne...

Le vicomte de Gauville, préfet de Loir-et-Cher, équipe également à ses frais une troupe de partisans. — Le marquis d'Havrincourt organise les *Chasseurs de Berlincourt*. — M. Léon Chevreau crée les *Francs-Tireurs de l'Oise*. — M. de Jouvencel, les *Chasseurs de Neuilly*. — Le comte de Seurat, qui a deux fils à l'armée, les *Volontaires des Vosges*. — Le comte A. Murat, les *Francs-Tireurs de l'Argonne*. — M. Trémant, les *Éclaireurs normands*, etc., etc.

Le gouvernement s'émeut enfin, il se sent également impuissant à arrêter ce mouvement national et à organiser les volontaires. Cependant M. Ollivier, dès le 10 août, en présence de l'invasion, publie à l'*Officiel* une sorte d'appel au pays ainsi conçu :

« *Tous ceux qui sont pressés* (sic) *d'obtenir des armes, n'ont qu'à s'adresser aux bureaux du ministère (recrutement) ; il leur en sera livré de suite pour aller à la frontière.* »

Ce premier appel fait aux volontaires est suivi d'une recrudescence de demandes qui affluent de nouveau dans les bureaux de la guerre. Là, on persiste à se déclarer ouvertement hostile à toute organisation de troupes franches.

Le premier projet de formation [1] d'un corps franc est remis au général Lebrun par M. H. A. Rivière, ancien officier de la garde. C'est à peine si on daigne le lire et renvoyer l'auteur de bureau en bureau. Cependant, grâce à son insistance, le capitaine H. A. Rivière finit par obtenir une audience du commandant en chef de l'armée du Rhin, aux environs de Metz. Nous y assistions et nous publions plus loin les détails de la curieuse entrevue à la suite de laquelle fut autorisée, par le maréchal Bazaine, la formation des *Partisans de la Moselle*, dès le 11 août 1870.

Les *Partisans de la Moselle* furent donc les premiers volontaires incorporés dans l'armée. Vinrent ensuite les *Francs-Tireurs de Paris*, les

---

[1] Le 22 juillet 1870, il y eut au Corps législatif une proposition émanant de M. Paul de Jouvencel ayant pour but l'organisation d'une force territoriale capable de s'opposer aux incursions de la cavalerie ennemie. Il s'agissait de former dans chaque canton des *Tirailleurs cantonaux*. Le Corps législatif nomma une commission qui, à l'*unanimité*, présenta un projet; mais la Chambre, aveuglée par les belles promesses du gouvernement, n'adopta pas les conclusions du rapporteur.

Eclaireurs Lafont-Mocquart, les *Tirailleurs des Ternes*, commandant de Vertus; les *Eclaireurs à cheval de la Seine*, commandant Franchetti; les *Amis de la France*, commandant de Van der Meer ; les *Zouaves pontificaux*, commandant de Charette; les *Mitrailleuses* du commandant Potier; les *Zouaves volontaires* du commandant Ballue; les *Mobiles-Eclaireurs* de Larochethulon, les *Volontaires de l'Ouest*, commandant de Cathelineau; les *Garibaldiens...*, les *Tirailleurs de l'Aisne*, les *Francs-Tireurs de la presse*, commandant A. Roland; les *Eclaireurs de Poulizac*, parmi lesquels se sont distingués M. et Mme de Kergalec, car les femmes à Paris ont été et demeurent le plus clair de notre héroïsme ..; les *Francs-Tireurs de la ligne*, commandant de Neverlée et de Luxer, sans oublier les *Ambulanciers-Mobiles* du docteur Demarquay.

Telle est, dans l'ordre de leur formation, l'énumération des premiers corps de volontaires, ayant pris une part active à la guerre et dont nous avons pu recueillir les hauts faits.

II

LES

PARTISANS DE LA MOSELLE

... Le 27 juillet nous quittions Paris dans le même train que le maréchal Canrobert avec une partie de l'état-major général de l'armée du Rhin. La plupart des wagons de première classe étaient « loués » pour MM. les généraux qui partaient en guerre avec leurs femmes — Mmes Lebœuf, Coffinières, etc..., avaient voulu mener leurs maris à la frontière, — Mme Canrobert se sépara du maréchal à la gare de l'Est où les enfants du futur héros de Gravelotte lui dirent ce mot si émouvant :

— Papa, as-tu pris ton billet aller et retour?

— Oui, oui, fit Canrobert.

Nous fîmes route en compagnie de plusieurs officiers, de M. Arnous-Rivière et d'une Allemande, moitié gouvernante, moitié femme de chambre, de condition médiocre comme son esprit, mais douée de ce bon sens qui caractérise messieurs nos ennemis. La première heure fut silencieuse. Chacun « dévorait » son journal; ma voisine lisait la *Gazette de Cologne*. Quand elle eut fini :

— Pauvres Français! me dit-elle avec l'accent germanique, comme vous allez être battus !

Je me récriai; mes voisins du wagon firent : « Hum ! hum !

— Oui, braves camarades, les Prussiens vous battront, parce qu'en Allemagne on vous hait. Vous songez à nous vaincre : nous, nous songeons à vous détruire. Aux écoles, depuis vingt-cinq ans, chaque jour on rappelle aux enfants le Palatinat incendié par Louis XIV, et l'Allemagne foulée et pillée, dix années durant, par Napoléon. Quand, au cours de géorgaphie, on arrivait à la carte de France, la leçon commençait par ces mots : « L'Alsace et la Lorraine, provinces allemandes volées par la France. » Les enfants s'agenouillaient et répétaient : « *Provinces volées par la France à qui nous devons les reprendre !* »

Personne ne répondit à cette Allemande.

— Oh ! je le sais, continua-t-elle, vous n'aimez pas les vérités. Je vous connais, moi qui habite Paris depuis dix ans. Je vais vous montrer la différence qu'il y a entre nos deux pays. Vous venez de lire vos journaux en entier. Eh bien ! pas un des « écrivains » français n'aura eu l'idée de faire comme ma *Gazette de Cologne*, qui, en tête de ses colonnes, inscrit chaque jour cet alinéa :

« Le 25 juillet, le caporal Kreuser, du 40e régiment (Hohenzollern), a tué le premier soldat français. Honneur à lui ! »

— Assez ! assez ! crièrent les voyageurs.

— Je ne suis pas une espionne, continua l'Allemande, je suis la gouvernante des enfants du général X..., et je vais m'engager, avec le vieux comte d'Aboville, dans les ambulances

internationales. Vous serez peut-être héroïques,
car vous êtes fous, mais vous serez battus...

Je n'ai jamais oublié cette prédiction sinistre.

Dès mon arrivée à Nancy, je me rendis compte
des dangers que nos soldats allaient courir. Les
voies étaient encombrées de matériel de troupes ou de vivres entassés pêle-mêle aux gares
principales. Les chefs de corps attendaient
vainement un ordre qui précisât leur situation,
enfin un désordre indescriptible régnait dans
tous les services.

En quittant Nancy, j'avais découvert, dans
une petite gare au-dessous de Pont-à-Mousson,
six wagons de chevaux dont les gardiens, sans
vivres, sans fourrages et surtout sans ordres,
stationnaient là, perdus et oubliés : ils attendaient depuis cinq jours qu'on vînt leur apprendre vers quel point il fallait se diriger.
Quand j'arrivai à Metz, à l'*Hôtel de l'Europe*,
grand quartier général, le premier visage de
connaissance que j'aperçus fut celui d'un officier d'état-major, de mes amis, joyeux garçon

d'habitude, mais qui, pour le moment, offrait à mes yeux une mine des plus refrognées.

— Tiens, fit-il, en me voyant, est-ce que vous arrivez seul?

— Croyiez-vous donc, lui dis-je, que, comme vos généraux, j'allais amener[1] des dames à la bataille?

— Non, mon cher, je voulais vous demander si... par hasard... dans votre convoi vous n'aviez pas des chevaux... ceux du maréchal Lebœuf et de son état-major? Figurez-vous que nous ne savons pas ce qu'ils sont devenus! Le major-général est à pied.

— Diable! c'est gênant.

— Si bien, que le maréchal, ayant hier une reconnaissance à faire aux avant-postes, a été obligé de l'exécuter dans un char-à-bancs que nous nous sommes procuré à grand'peine chez le loueur Lazard !

---

[1] J'ai déjà conté cette aventure dans le *Casque prussien;* si je la réédite, c'est parce que, d'après moi, rien ne peut mieux donner une idée de la situation que ce major-général ayant perdu ses chevaux, et cet officier d'état-major n'ayant pour tous principes que le traditionnel « débrouillez-vous!! » aux premiers jours d'une campagne!

— C'est encore heureux, car sans cela Lebœuf en aurait été réduit à s'asseoir dans une brouette traînée par un artilleur...

Pour lui faire pardonner ma gaieté, je lui indiquai bien vite en quel endroit j'avais découvert les chevaux perdus qu'il reconnut bientôt, à ma description, pour ceux de son maréchal... On parvint à grand'peine à les faire arriver cinq jours après !

En échange de ce service rendu, je demandai à mon ami quelques renseignements utiles à mon entrée en campagne, il me répondit aussitôt :

— Mon cher, je vous conseille de ne pas rester dix minutes avec nous, si vous n'êtes pas un *débrouillard!* Voyons, hein ! êtes-vous un *débrouillard?*

— Dites-moi d'abord ce que vous entendez par « un débrouillard », je vous répondrai peut-être après.

— Mais, c'est bien clair. Un débrouillard est un homme qui sait se débrouiller, qui sait suppléer par son intelligence à des ordres toujours insuffisants, ou à des événements im-

prévus... Depuis que nous sommes ici, nous
pataugeons dans un tel désordre, qu'on ne
sait plus auquel entendre; aussi, sur toute
l'échelle, du plus petit au plus grand, la réponse est toujours invariable : *Débrouillez-
vous!*

J'avais d'abord cru à une plaisanterie, je dus
bientôt tristement reconnaître que mon ami
disait vrai. Dans cette masse d'hommes, mal
équipés, mal nourris et imparfaitement armés, sous cette direction suprême d'un maréchal incontestablement brave, mais qui n'avait
rien des qualités qui justifient un tel poste,
entre ces différents généraux qui se jalou-
saient, dit-on, et voulaient se distinguer quand
même! sous les yeux du souverain; entre ces
huit corps d'armée disséminés et se formant
avec peine, sans parvenir à se relier les uns
aux autres, même par un télégraphe, en un
mot, dans cette agglomération confuse qui
tenait la place d'une armée compacte, bien
dirigée et pourvue du nécessaire, régnait un
si prodigieux désordre que partout, au soldat
qui réclamait du pain, comme au général qui

demandait des ordres, l'unique réponse semblait être celle-ci : Débrouillez-vous !

Et pendant la durée de ce tohu-bohu indescriptible, notre ennemi, que nous croyions si loin, se concentrait en bon ordre, redoutablement armé, derrière ses forêts de sapins verts, nous préparant cette surprise par laquelle nous avions voulu l'atterrer au début.

L'hôtel de l'Europe, transformé en quartier général, et la préfecture, où l'on attendait l'empereur, étaient pavoisés de drapeaux. Les Messins furent invités à « arborer les couleurs nationales, » pour saluer l'arrivée de Napoléon III. Quelques-uns refusèrent.

Une descente de police eut lieu chez un négociant, qui, pour toute réponse, dit aux agents :

— Voici mon drapeau... mais j'attends la première victoire pour le fixer à ma fenêtre

Ce fut le 1er août, à l'hôtel de l'Europe, à Metz, que mes amis, Léon Duchemin et Wœstine, me mirent en rapport avec le futur commandant des *Partisans de la Moselle*. Arnous-Rivière possède un certain air crâne et engageant ; il est beau cavalier, l'œil un peu dur et très pénétrant ; à la franchise du soldat, il sait allier la distinction du gentleman : sa voix brève, ses cheveux grisonnants, toute sa personne nous entraîna et nous fit accepter de nous enrôler parmi ses volontaires.

Metz, où régnait déjà le plus grand désordre, était en liesse ; on venait d'afficher sur les murs de la mairie la dépêche suivante :

Niederbronn.

Les Badois, ayant poussé une reconnaissance sur le territoire français, ont été rencontrés par le général de Bernis, à la tête du 12ᵉ régiment de chasseurs. L'affaire a été brillante ; mais les Badois ont dû battre en retraite, laissant entre nos mains un officier anglais tué, un officier badois blessé, le baron Wichman, deux officiers et quatre cavaliers prisonniers et un assez grand nombre de chevaux.

Ce premier succès, grossi avec intention, et les tâtonnements d'une autorité supérieure,

2

dont on sentait déjà les dangereuses incertitudes, après l'espérance qu'on avait eue d'une rapide marche en avant, causèrent dans l'armée et la population une nerveuse impatience. Ce fut sans doute pour donner satisfaction à ce besoin de sentir la poudre qu'on décida la petite reconnaissance offensive de Sarrebrück, le 2 août [1]. Si, comme on l'a écrit depuis, l'affaire de Sarrebrück était vraiment destinée à faire sortir l'ennemi des bois qui le cachaient, le but fut pleinement atteint. Le surlendemain, les troupes allemandes, débouchant tout à coup par la Sarre et le Rhin, fondirent sur les tronçons éparpillés de notre armée, imprudemment disséminés depuis Wissembourg jusqu'à Forbach.

Forbach! sanglante bataille dont les bulletins officiels n'ont jamais paru. Nous, à qui il a été donné d'y assister, nous comprenons cette réserve, et cependant c'est à Forbach que chaque brigade, chaque régiment a eu sa plus

---

[1] Nous avons donné tous les détails de cette reconnaissance offensive dans *le Casque prussien*. — Lachaud, éditeur (1871).

belle part d'actions d'éclat! J'ai vu un général (Doëns, je crois) lutter cinq heures durant près de Spickeren, seul à la tête de sa brigade, contre les masses prussiennes.

Près du bois de Tannewald, un régiment, cerné entre deux feux, est presque entièrement détruit — horrible mêlée où les 76ᵉ et 77ᵉ de ligne luttent corps à corps avec l'ennemi pour dégager leurs camarades; à gauche, Styring en flammes, les habitants de la Brême d'or affolés et fuyant; au centre, l'usine Wendell brûle et, vrais démons sortis de l'enfer, les ouvriers ramassent à terre les chassepots et font le coup de feu avec les soldats! Qui donc a parlé de ces *volontaires* défendant leur usine enflammée, leur patrie envahie?

Personne, à ce jour, ne l'a écrit: Le 4 août, à Forbach, j'ai vu six généraux français se battre comme de simples soldats et disputer pied à pied leur ligne de bataille à l'ennemi! Ils avaient nom : Vergé, Letellier-Valazé, Jollivet, Bastoul, Laveaucoupet et Doëns! Celui-ci tomba mortellement frappé, il fut relevé par l'ennemi et on lui rendit les honneurs militaires à Sarreguemines. En présence des Bavarois et des grenadiers du roi de Prusse, le général prussien de Woyna présida aux funérailles du général français. Lorsque le cercueil fut descendu du char funèbre, le général de Woyna, détachant une fleur d'une couronne blanche, la déposa sur l'uniforme de Doëns et dit :

« Un camarade prussien consacre cette fleur au valeureux chef français tombé au champ d'honneur... »

Et l'aigle de Prusse s'inclina.

. . . .

Mais revenons à Metz, où la triste vérité apparaissait sinistre à ceux qui avaient jusqu'alors conservé l'espérance. La population se rendait compte de l'étendue du péril. N'a-t-elle pas toujours eu le séculaire et funeste privilége des invasions! Aussi, les Messins groupés aux portes, sur les remparts ou dans les camps, gardes nationaux mêlés aux mobiles, demandaient tous des armes. C'est au milieu de cette foule, exaltée par les désastreuses nouvelles de Reichshoffen et de Forbach, que je retrouvai Arnous-Rivière.

— Venez donc avec moi, me dit-il ; dès que j'aurai trouvé un équipage quelconque, je me rends au quartier général du maréchal Bazaine. Il n'y a plus à barguigner maintenant. Bazaine est maître de la situation. Je le connais ; il n'hésitera pas à utiliser ce mouvement patriotique, il sait tout le parti qu'on peut tirer des volontaires.

Nous acceptons, et en compagnie de M. Mayer, rédacteur de l'*Indépendant de la Moselle*, et d'Yvan de Wœstine, nous nous dirigeons bientôt vers le château d'Urville, chez M. Sers, où Bazaine vient d'installer son quartier général. L'empereur lui a déjà remis le commandement suprême. Nous croisons sur la route le char-à-banc impérial qui revient sur Metz. Napoléon III en petite tenue, l'œil morne, le visage souriant et bouffi, était sur la banquette de devant ; à ses côtés, le maréchal Lebœuf, pâle et vieilli de vingt ans, puis, au second rang, les généraux Castelnau, de la Moskowa... Le capitaine de Lauriston et l'écuyer marquis de Canisy cavalcadaient tristement à une distance respectueuse et réglementaire.

2.

Quand nous arrivons, par une belle avenue de peupliers, à la grille du château, nous voyons, sur le perron, le maréchal au milieu de ses officiers. Dès que Arnous-Rivière est annoncé, Bazaine, nu-tête, une cigarette à la bouche, s'avance familièrement, lui serre la main, et :

— Que voulez-vous de moi ? lui dit-il.

Rivière expose au maréchal la situation faite par l'autorité militaire aux nombreux volontaires qui restent sans emploi malgré tout leur patriotisme.

— Si ces braves gens-là devaient tous être commandés par des hommes comme vous, il y aurait, certes, quelque chose à faire, répond le maréchal, notre armée a grand besoin d'être éclairée, guidée. Nous ne sommes pas gardés sur nos flancs... De là tant de surprises.

— Le maréchal est-il donc inquiet de la situation?

— Mais, non... En France, c'est toujours comme cela que ça va; on commence toujours mal, et puis, à la fin, on se débrouille... Vous vous souvenez? Il en a été de même en Orient,

en Italie, au Mexique... et puis on s'en est tiré !
Avez-vous des hommes connaissant bien le
pays? Pouvez-vous enrégimenter les doua-
niers?...

Arnous-Rivière s'entretint longtemps avec
Bazaine, qui lui donna rendez-vous pour le
lendemain et l'autorisa sur-le-champ à recruter
des partisans.

— Nous leur donnerons 2 francs de solde...
ils auront la tenue des mobiles... Consultez
tous ceux qui sont du pays et méfiez-vous des
espions...

Dès le 12 août, le corps des *Partisans de la
Moselle* comptait déjà une centaine de volontaires ; au lendemain de Borny, ils furent placés
à l'avant-garde et donnèrent à tous les combats
sous Metz, où nous les retrouverons. Bornons-
nous à publier ici le nom des Partisans qui se
sont signalés à Gravelotte et à Rezonville :

Chef de corps : H. Arnous-Rivière ✳, décoré,
né à Nantes (1828), chef de bataillon de la
mobile, incorporé avec ses hommes dans la
division de Cissey — 2ᵉ armée — le 14 août.

Lieutenant : Clerc ; sous-lieutenant : Wiltz ✳,

décoré ; sous-officiers : Cherny, Henner, médaillé, Gros-George, Thiriot, Huguény, médaillé.

Soldats : Lorin, Filler, Lallemand, Picquant, Duroy, Straussac, etc., etc.

L'effectif des *Partisans de la Moselle* ne dépassa pas cent hommes, dont la moitié furent faits prisonniers par l'ennemi. Les autres sont tombés aux avant-postes de Moulins-sous-Metz, qui les avait vus se lever calmes et fiers, et qui s'honore de leur dévouement.

Quant à ceux qui ont pu être les témoins de leur patriotique élan ou de leur mort glorieuse, ils sont tentés, comme autrefois le Spartiate échappé aux Thermopyles, d'écrire, avec le tronçon de leur épée, sur la pierre où ils reposent là-bas :

« Passant, va dire à la France que ses enfants ont combattu et sont morts pour elle ! »

III

LES

TIRAILLEURS DES TERNES

... Le 18 septembre 1870, un officier de francs-tireurs, couvert de boue, haletant, les habits en désordre, se présente au Louvre et demande à parler au gouverneur de Paris.

— Que voulez-vous donc? demande le chef de l'état-major.

— Mon général, on assassine, on traîne par les rues un de vos frères d'armes, le général Ambert!

— Eh bien, nous le savons... que faire?

—Comment! mais donnez-nous des ordres,

sans lesquels nous ne pouvons porter secours au commandant du 5e secteur dont on a envahi le domicile et pourchassé jusqu'ici la femme et les enfants... Des ordres ?

— Mais quels ordres voulez-vous donc? Ambert s'est mis très maladroitement dans une mauvaise position... Qu'il s'arrange pour en sortir ! D'ailleurs, le gouverneur est aux avant-postes, les Prussiens sont à Créteil... Je ne puis rien faire, rien !

Cet officier de francs-tireurs était M. de Vertus, architecte, commandant en chef des *Tirailleurs des Ternes.* Ses volontaires avaient été adjoints au bataillon de garde du 5e secteur dont le général baron Ambert venait de prendre le commandement en un jour d'émeute.

On a pu lire dans plusieurs récits de la révolution du 4 Septembre, que ce jour-là et les jours suivants, Paris, *niaisement passif*, laissa faire une quinzaine d'avocats, lesquels avaient la prétention de représenter la volonté nationale. Cette façon originale de tracer l'état des esprits parisiens au lendemain de Sedan n'est pas exacte. Nous essayerons, dans la suite de ces récits, de montrer, sous son véritable jour, l'esprit général de Paris et de prouver que si un calme relatif a régné effectivement dans certains quartiers, de turbulentes explosions de colère se sont toujours élevées pendant le siége de Paris, contre ceux qui n'acceptaient pas la chute de l'empire. Le général Ambert, à la porte Bineau, plus tard le maréchal Vaillant, à Montmartre, en ont été victimes.

Au 5e secteur, les gardes nationaux voulurent donc contraindre leur nouveau général à crier : *Vive la République!* Ambert s'y refuse. Aussitôt on se précipite sur lui, on le menace. Un capitaine, M. Antonin P..., lui arrache ses décorations. Les clameurs redoublent. *A mort les bonapartistes!* crient les gardes et la foule ameutée.

On veut fusiller le brave général, lorsque son jeune aide de camp, M. Henrion, et le commandant de Vertus parviennent, après des efforts inouïs, à l'arracher des mains de cette populace, qui se rue sur la maison où Mᵐᵉ Ambert demeure avec ses enfants...

Quelques jours après, le général Ambert, destitué de son commandement, venait s'enrôler comme simple soldat dans les *Tirailleurs des Ternes*.

Nous avons tenu, pour plus d'un motif, à relater ces faits pénibles avant de tracer l'historique de la troupe du commandant de Vertus.

Les corps de francs-tireurs ont été généralement fort calomniés. L'ennemi n'a jamais voulu les reconnaître et a fusillé la plupart des volontaires faits prisonniers, l'administration militaire les a toujours vus d'un œil défiant; accusés de tous les pillages, les francs-tireurs ne sont pas encore réhabilités. L'opinion publique n'a pu faire justice de toutes les calomnies répandues, à dessein, contre eux... Il est certain que, dans le nombre des francs-tireurs, il s'est trouvé bien des fous, des déclassés, des criminels, mais si la grande majorité de ces braves volontaires, ayant conscience du devoir accompli, n'a pas voulu protester contre l'ingratitude de ses concitoyens, il est temps de leur rendre justice.

La formation du bataillon des *Francs-Tireurs
des Ternes* date du 10 août 1870. Son organisateur, M. de Vertus, architecte, ancien soldat
d'Afrique et d'Italie, fut plus heureux dans ses
démarches que la plupart des autres chefs de
volontaires. Il reçut du général Lebreton,
questeur au Corps législatif, l'autorisation nécessaire pour ouvrir un bureau d'enrôlement,
à son domicile, aux Ternes. Le général Lebreton ayant accepté le commandement honoraire
du bataillon, en devint le zélé protecteur.

M. de Vertus, originaire de Château-Thierry,
avait formé le projet de grouper sous ses ordres
les enfants de l'Aisne et de se jeter avec eux
dans la vallée de la Marne, pour y harceler
l'ennemi, en attendant que l'armée de la Loire
pût être opposée aux envahisseurs.

Les enrôlements se succédèrent rapidement,
et nous lisons en tête de la liste des engagés
volontaires, les noms de :

Général Lebreton, général Ambert, de Fère,
de Curty, Paul Mahalin, Diaz fils, Couturier,
Perelli, Heil de Laurès, Mainc de Saint-Senocq,
Edgard de Saint-Senocq, Guillon, Fouillette,

Haincq, Blondel, l'abbé Chessé, Catalan, Millery, Audoyer, etc.

Les contrôles et registres matricules continrent bientôt *six cent treize* inscriptions. On y voyait des officiers de la Légion d'honneur à côté d'artistes, des receveurs généraux, des publicistes, des auditeurs à la cour des comptes, des négociants, d'anciens militaires..., quelques jours avaient suffi pour recruter tant de volontaires. De Vertus s'occupait avec ardeur de l'instruction, de l'équipement et de l'habillement de sa troupe ; mais il n'obtenait de l'administration ni l'armement ni le casernement de ses hommes. Grâce à la persévérante intervention du général Lebreton, on lui fit enfin livraison de 200 carabines Minié, modèle 1859 ; 200 carabines pour six cents hommes !

De Vertus ne se découragea pas, il forma le cadre de trois compagnies de cent cinquante hommes. Chaque compagnie devait marcher à tour de rôle et remettre, au retour des expéditions, ses armes à la compagnie montante.

Quand toutes les difficultés furent vaincues, après tous les retards d'une organisation si difficile, il fallut renoncer à l'espoir de se jeter dans la campagne, et le commandant des francs-tireurs des Ternes demanda au gouvernement un service aux avant-postes.

Il est à noter ici que les *Francs-Tireurs des Ternes*, comme les *Amis de la France*, les *Eclaireurs Franchetti* et les *Carabiniers parisiens de Perelli* sont les seules troupes qui se soient formées sans subvention de l'Etat, et qui se suffirent à elles-mêmes jusqu'au jour où le gouvernement, reconnaissant leurs signalés services, vint les indemniser des frais de leur organisation.

Que d'efforts il avait fallu pour obtenir, par des souscriptions, les moyens de subvenir aux coûteuses dépenses de toutes sortes, et quelle juste satisfaction reçut M. de Vertus, quand, après l'inspection de l'intendant militaire Dumoulin, il lut dans le rapport envoyé au ministre de la guerre les justes et tardifs éloges rendus à sa troupe.

Au début du siége, les *Francs-Tireurs des Ternes* furent placés aux avant-postes de Nogent-sur-Marne, et la première compagnie commandée par M. Darbonnens, lieutenant, eut un engagement avec l'ennemi dès sa première garde de nuit; un des plus jeunes volontaires, M. Goujon (17 ans), y fut grièvement blessé à la jambe. Transporté à l'ambulance de la rue Demours, si vaillamment dirigée par Mme de Vertus et M. de Saint-Senocq, le pauvre blessé ne tarda pas à succomber au tétanos.

Sur sa tombe ouverte, le commandant de Vertus, dans un chaleureux appel à la vengeance, fit un rapprochement singulier entre le soldat et le volontaire blessés :

« Fier de ses blessures, s'écria-t-il, le volontaire redouble d'enthousiasme, il oublie sa souffrance, dominé par l'amour de son pays et exalté par les vœux qu'il adresse à Dieu pour le triomphe de sa cause..., le soldat blessé, au contraire, est le plus souvent muet ou grognon, il ne prononce guère que des paroles de haine ou de vengeance contre ceux qui l'ont atteint... »

A quelques jours de là, nous étions au fort de Vanves, quand près du village, un combat s'engage entre une troupe peu nombreuse et un poste de Bavarois, qui est bientôt contraint de prendre la fuite. Le commandant du fort avait suivi de loin toutes les péripéties de l'engagement, il fait venir le chef des *Français* et lui demande un rapport :

— Ces bougres de Bavarois nous ennuyaient, répond ce dernier, je fais déployer nos tirailleurs et je m'avance à leur portée, je m'écrie alors comme d'autres à Fontenoy : « Eh bien ! quand vous voudrez commencer la danse ! tas de jean-f... », et je passai outre. Vous savez le reste.

A ces paroles, dites crânement par un vieil officier à barbe blanche, le général se découvrit :

— Combien avez-vous d'années de service et quel est votre nom ?

— J'ai *cinquante-deux années de campagne* et me nomme Catalan.

Un beau type que ce Catalan, médaillé militaire en Afrique, et ayant repris les armes malgré ses soixante ans !

.   .   .   .

Le 8 octobre, les tirailleurs des Ternes sont dirigés vers Rueil et réunis aux mobiles de

Château-Thierry, qui portaient aussi la branche de houx au képi avec la devise légendaire : *Qui s'y frotte s'y pique!* Ils prennent part aux nombreuses reconnaissances offensives de la 2ᵉ armée et sont cités chaque fois à l'ordre du jour : Les noms de ceux qui se distinguaient par leur bravoure sont remis au général, en notre présence. Ce sont MM. de Jumenan, capitaine, Audoyer, lieutenant, Blanchin, Legrand, de Dornans, pour ne citer que ceux dont on n'a pas récompensé la valeur.

A l'affaire du 21 octobre (Malmaison), les tirailleurs marchent avec les zouaves et font prisonnier tout un poste prussien, mais ils éprouvent de cruelles pertes en poursuivant l'ennemi trop loin. Dans un rapport, le général en chef rendit hommage à leur témérité.

On leur assigna Nanterre pour poste. Leur installation ne manquait pas d'originalité. Dans les vastes carrières qui s'étendent aux pieds du majestueux Mont-Valérien sont établis les *popotes*, les cuisines, les tentes, les ateliers improvisés ; au milieu de ce campement bizarre, ces hommes au teint hâlé par les fatigues de

la campagne circulent gaiement, portant fièrement leur uniforme sombre. La tenue des
Tirailleurs se composait d'une vareuse de drap
noir, pantalon gris fer, de hautes guêtres de
chasse en toile tannée, d'un chapeau en feutre
noir, mou, de forme tyrolienne agrémenté d'une
cocarde tricolore et de la branche de houx
traditionnelle ; au lieu de la voyante ceinture
rouge, une ceinture marron ; le reste du four-
niment était en tout semblable à celui des
chasseurs à pied.

.   .   .   .

Pendant deux mois de continuelles alertes,
d'incessantes escarmouches avec les avant-
postes ennemis, les tirailleurs occupèrent les
lignes avancées depuis la fabrique d'alumi-
nium de M. Morin jusqu'au moulin des Gibets,
au-dessus de Rueil ; mais le commandant de
Vertus n'eut pas à lutter seulement avec l'ennemi. Dès son arrivée à Nanterre il avait pris
les fonctions de commandant de place et cons-
taté dans un rapport le grand nombre des habi-
tations dévastées et pillées. La population de
Nanterre, réduite à trois cents individus, accu-

sait de ces méfaits l'ennemi, les mobiles, les francs-tireurs, les gendarmes... tout le monde enfin, sauf les véritables pillards. M. de Vertus démontra clairement que les coupables étaient précisément la plupart des Nanterrais restés là, après le départ précipité des propriétaires. De là une série d'incidents auxquels ont été mêlés le général Noël, M. Hervet, maire de Rueil, et le comte de Larochethulon.

Une bienveillante communication de MM. Hervet et Launay nous permet de réduire à sa juste proportion cette série d'incidents. On lira plus loin les notes rédigées par M. le docteur Launay pendant cette affreuse époque où Rueil et Nanterre placés entre deux feux, exposés aux espions, aux pillards, aux incendies et au bombardement, étaient chaque jour menacés par un ennemi avide de représailles.

Il est évident que les *Volontaires des Ternes* n'étaient pas tous des saints, quelques-uns ont même été sévèrement punis, d'autres exclus du corps pour leur indiscipline, mais ces braves gens ne se sont pas plus mal comportés à Rueil que nos lignards, nos mobiles et nos gardes nationaux dans tous les autres villages avancés. Quand des hommes, exposés comme l'étaient les soldats sous Paris à toutes les privations, à tous les dangers, pénétraient dans les maisons abandonnées, on avait grand'peine à éviter le pillage; moi-même j'ai dû souvent arrêter des *soldats d'élite* en train de dévaliser des villas près de Poulangis ou de Saint-Denis.

— Faut-il donc laisser tout aux Prussiens, s'écriaient ces pauvres misérables mobiles ou lignards, sans comprendre que parce que l'ennemi pouvait se faire voleur, ou pillard, ou incendiaire, ce n'était pas raison suffisante pour eux de *chaparder !*

Quant aux *excès de vin*, aux *tournées*, nos bons gardes nationaux laissaient partout assez de *cadavres temporaires* pour qu'on ne reproche pas si dûrement toutes ces intempérances à nos volontaires.

Nous détachons les notes suivantes du journal tenu par M. le docteur Launay, témoin attentif de ce qui se passa à Rueil pendant l'investissement de Paris :

28 septembre. — Après une journée sans accidents, les patrouilles prussiennes s'aventurent dans Rueil pendant la nuit.

30 septembre. — Le Valérien tonne. Violente fusillade au-dessus de Bois-Préau pendant la nuit. Forte reconnaissance. Les mobiles en avant-garde marchent vers la Malmaison. La vedette ennemie fait feu avant de se replier sur le poste. Les mobiles pris de panique se débandent en tirant des coups de fusil...

12 octobre. — Après une reconnaissance offensive qui ne reconnut rien, une escouade de francs-tireurs des Ternes continue à tirailler sur la route; deux d'entre ces hommes sont ivres-morts, on les enferme au *violon* de la mairie.

13 octobre. — Les Prussiens incendient les maisons les plus rapprochées de la Malmaison. Celle de M. Lefèvre est entièrement détruite. Un seau de tôle rempli de goudron pétrolé est trouvé non loin de cette maison. Les francs-tireurs des Ternes, après une vive fusillade, avaient délogé les Prussiens dans la matinée. Des amas de paille étaient amoncelés dans la maison de M. Dollingen.

14 octobre. — Un officier prussien est tué pendant

la nuit, place des Petits-Champs, devant le marchand de vin; il se nommait Werkenten. Les francstireurs emportent son épée et ses papiers.

Deux paysans blessés dans les champs sont amenés à l'ambulance.

Le 16, le commandant Vasseur et un capitaine de mobiles, escortés de gendarmes, viennent à l'ambulance, et le corps du lieutenant est rendu à l'ennemi avec les précautions d'usage.

Le 18, les francs-tireurs de Paris sont en sentinelle le long de plusieurs maisons et interceptent la circulation; quelques-uns d'entre eux chargent sur des haquets plusieurs pièces de vin. Un capitaine nommé M... parlemente avec MM. Hervet, Edeline et le commissaire de police. Ces messieurs lui objectent que sa réquisition n'est pas régulière et que la ville de Rueil mérite d'être mieux gardée. Le capitaine ne tient aucun compte des observations; vingt-et-une pièces de vin sont emportées, ainsi que quelques poules et des lapins...

Le général Bertaut ayant eu connaissance des faits a signalé la conduite du capitaine, qu a été mis aux arrêts de rigueur, et on a indemnisé les habitants de Rueil.

21 *octobre*. — Jusqu'à quatre heures, les choses marchent assez bien, mais à cette heure la retraite commence, les soldats qui reviennent sont *mécon-*

tents. J'ai pansé une quarantaine de blessés, les voitures d'ambulance américaines et de la presse font irruption dans la mairie où il y a un désordre inouï... C'est à qui aura les blessés... on s'arrache positivement les officiers en leur disant : Chez nous, vous serez mieux soignés, mieux traités qu'ailleurs, comme aux gares les domestiques d'hôtel s'arrachent les voyageurs.

Quarante-cinq blessés à l'ambulance de M. Lecomte et vingt-six à celle de M. Edeline ont été pansés par les chirurgiens militaires sous la direction de M. Champollion, chirurgien en chef de la garde mobile; on les transporta ensuite à Paris.

L'ambulance italienne a été faite prisonnière.

Quelques morts sont amenés dépouillés de leur uniforme; un officier de zouaves a ses poches retournées... Tous les cadavres, au nombre de quarante environ, trouvés sur le champ de bataille, ont été dévalisés...

Le corps d'un capitaine du 15e de ligne, tué à l'affaire du 21 octobre, est rapporté par les Prussiens qui l'ont couvert de fleurs et couronné de lauriers.

26 *octobre*. — Occupation de Bois-Préau par l'ennemi.

27 *octobre*. — Les éclaireurs de Franchetti et

plusieurs officiers d'état-major passent à Rueil et font une reconnaissance vers Chatou.

Le 29, les vedettes prussiennes criaient : Metz a capitulé.

(Un article odieux de M. Lockroy : *Rueil, ville neutre*, paru dans le *Rappel* du 25 octobre, cause une vive indignation...)

2 novembre. — Les éclaireurs Franchetti traversent Rueil.

5 novembre. — Une femme accusée d'avoir guidé ou fait des signes à une patrouille ennemie, est arrêtée et menée au fort.

Le 8, vers onze heures, une forte colonne ennemie occupe Rueil pour la première fois. Un chien est tué par un Prussien sur la place de l'Eglise.

Un des soldats, ivre, crie : Paris ! Paris ! en nous menaçant, M. Huet et moi. Ses camarades, après avoir dit : *Malate camarate*, l'entraînent.

M. Crevel est arrêté sur le boulevard des Tilleuls par un officier qui lui dit :

— Vous dire à moi si il y a Français dans la ville.

— Je ne sais pas.

Du côté de la place de la Réunion, un feu de peloton crible de balles les murs et les arbres.

Une troisième colonne marche par la rue de Paris vers la caserne.

M. Hervet est allé prévenir le poste du moulin des Gibets, où des zouaves sont occupés à une corvée de pommes de terre. Les francs-tireurs des Ternes arrivent de Nanterre, mais l'ennemi se retire aussitôt emmenant des otages, M. Fruitier et deux enfants. Le caporal Lanou est blessé mortellement; c'est le seul des francs-tireurs atteint par le feu ennemi. J'ai remarqué nombre de ces volontaires sans uniforme, l'un d'eux avait même un haut chapeau de soie, qui dominait tous les képis ou chapeaux calabrais.

16 *novembre.* — Les habitants restés à Rueil ouvrent une souscription qui s'élève à 267 fr., versés à la mairie du IXe arrondissement pour l'achat de canons. Je suis chargé de porter cette somme et l'on m'en délivre un reçu signé : Massol. La personne à qui je remets cet argent m'apprend qu'il y a quelques jours on est venu dénoncer à cette mairie plusieurs espions, parmi lesquels une lorette qui recevait à Rueil des officiers ennemis. Cette absurdité tombe d'elle-même.

Pendant la première partie de la nuit, un détachement ennemi, commandé par un lieutenant, se présente à la mairie. L'abbé Gourdan le reçoit. L'officier demande s'il y a des soldats à Rueil; il vient savoir si le blessé va mieux et est transportable; je surviens avec M. Hervet. Aussitôt l'officier lui demande les journaux le *Temps* et le *Siècle*, qu'il sait être entre ses mains. M. Hervet remet ces journaux [1].

Une femme suspecte et en état d'ivresse avait été arrêtée et enfermée au violon, nous craignions que le bruit dont elle nous gratifiait n'attirât l'attention des Prussiens, qui ne manquaient pas d'envie de visiter l'ambulance et cherchaient tous les prétextes. Le père Maufrais avait été obligé par les Prussiens de leur servir de guide dans ces deux visites à la mairie.

18 *novembre*. — Reconnaissance des francs-tireurs. Fusillade acharnée : trois francs-tireurs blessés, un tué.

Rien de saillant jusqu'au 1er décembre.

Divers simulacres de combat ont lieu pendant les sorties de Champigny et de Villiers. Le Valérien canonne la Malmaison et la Jonchère. Un poste est établi de jour à la Maison brûlée. Le soir, à l'heure de la retraite, ce poste rentre au Mont-Valérien. Le 1er décembre, nos soldats, en

---

[1] Cette réquisition s'est reproduite quelques jours après de la même façon. Le même officier revint; mais je n'avais pas de journaux et je lui répondis que je ne pouvais lui remettre ceux qu'il désirait lire.

— C'est dommage, me dit-il; car, en échange, je vous aurais donné un curieux et intéressant journal de Versailles.   (*Note de M. Hervet.*)

reprenant le poste, trouvent un drapeau blanc planté à terre avec une inscription allemande dont voici le texte :

Les officiers de Bougival et de la Malmaison présentent leurs hommages aux officiers du Mont-Valérien.

C'était un défi.

Le commandant de Larochethulon se charge d'y répondre. Il fait confectionner un drapeau bleu d'un mètre carré, sur lequel je peins en lettres rouges l'inscription suivante :

Les officiers français rendent aux officiers leur politesse et se promettent d'aller bientôt leur faire une longue visite.

M. de Larochethulon fixe sa carte au milieu du drapeau et y écrit quelques lignes afin de prévenir les Prussiens que leurs vedettes *tiraient trop haut.*

Le 3 décembre, le commandant de Larochetulon part avec Loubet et va planter son drapeau au bord de la route de l'Empereur, à 100 mètres du mur de Buzenval.

(Ce drapeau et la carte ont été retrouvés le 19 janvier au château de Buzenval par M. de Larochethulon lui-même.)

Le 10 décembre, le moulin étant brisé, M. Hervet se rend à Paris et obtient des sacs de farine.

17 *décembre*. — Un messager nommé Richard traverse la Seine à la nage. Il est recueilli par M. Chabou-Mollard et apporte au gouvernement des nouvelles de Tours.

19 *décembre*. — Plaintes de quelques habitants au sujet des exigences des francs-tireurs. Intervention du général Noël. Quelques ivrognes sont punis sévèrement.

21 *décembre*. — Reconnaissance nocturne sur la Seine et dans l'île du Chiard. Trois bateaux étaient disposés près de l'île et allaient être reliés ensemble quand l'ennemi ouvre le feu. Les mobiles et les francs-tireurs de Paris ripostent.

A six heures du matin, une seconde tentative échoue. Afin de pénétrer dans cette île, le capitaine Haas franchit le pont avec des francs-tireurs et le commandant Faure, du génie du Mont-Valérien, traverse la Seine en barque, gravit le talus du chemin de fer. Haas est tué raide ; M. Faure, grièvement blessé, est transporté à l'ambulance de Rueil, où je fais l'extraction d'une balle.

Les gardes nationaux envoyés en reconnaissance à Rueil n'y font rien de bon. Escalade, vols chez un boucher, cris, etc.

28 *décembre*. — Violent incendie du côté de la Malmaison (?).

1er *janvier*. — Un coupé de remise traverse Rueil et suit la route de Bougival. Les avant-postes ont fait feu sur l'équipage.

M. Dolet, capitaine des tirailleurs de l'Aisne, s'étant endormi dans cette voiture, fut fait prisonnier. Le cocher, nommé Furet, rue du Monthabor, avait confondu Rueil et Bougival.

Deux attaques de la maison Crochard, les 6 et 8 janvier.

9 *janvier*. — Quelques obus tombent dans l'avenue des Tilleuls. La gare de Rueil, occupée par des mobiles, est bombardée.

12 *janvier*. — Troisième incendie allumé à Rueil par l'ennemi, une grande maison de l'avenue, près du pavillon des Guides. Autre incendie à Chatou.

15 *janvier*. — L'état sanitaire des mobiles de la maison Crochard est très peu satisfaisant.

16 *janvier*. — Obus tombé rue Saint-Denis, à Rueil.

Quarante obus aux environs de la mairie.

Terminons ces citations par les intéressantes notes prises pendant la BATAILLE DE BUZENVAL :

19 *janvier*. — Nous savions dès la veille qu'une affaire sérieuse aurait lieu du côté de Rueil. Nos trois ambulances, avec tous les objets de pansement, étaient prêtes. Chez M. Edeline, il y avait un garde national de marche gravement malade d'une bronchite aiguë. C'était un sexagénaire qui, ne comptant ni avec son âge ni avec ses forces, avait voulu partager avec les volontaires de M. de Larochethulon les périls et les veilles des avant-postes de la maison Crochard. Toute sa vie, M. Du Lac, tel était son nom, avait servi son pays en amateur pendant la guerre d'Afrique principalement. M. Du Lac de Feugères était officier de la Légion d'honneur.

La vie était rude, les privations grandes, le froid sévère à la maison Crochard, où pleuvaient les obus et les balles ennemies. Malgré son énergie, M. Du Lac fut pris de fièvre et obligé de descendre à Rueil à l'ambulance établie chez M. Edeline. Je l'avais vu le 18 et lui avais permis de se lever, mais sans l'autoriser à sortir. Quand j'arrivai le 19, vers huit heures, à l'ambulance, M. Du Lac, malgré sa faiblesse, avait déjà rejoint son poste de la maison Crochard. Il échappa au feu de l'ennemi et fut médaillé militaire, lui qui portait la rosette de la Légion d'honneur. Il ne pouvait désirer une plus belle récompense.

A neuf heures du matin arrive à l'ambulance le

premier soldat blessé. Il nous annonce que tout va bien et qu'on a franchi le mur de Buzenval.

Une canonnade violente retentit du côté de Carrières. De dix heures à midi, les obus tombent en grand nombre aux environs de la caserne et de la mairie.

Les troupes et la garde nationale traversent la ville ; les locomotives blindées prennent position sur la chaussée du chemin de fer et contrebattent les batteries ennemies. La maison de M. Laluyé est organisée en ambulance par l'abbé Gourdan. Les chirurgiens des ambulances de la presse arrivent vers dix heures et je panse avec eux de nombreux blessés appartenant aux 109e, 136e, 116e de ligne, 2e régiment du génie. Mais, vers midi, le nombre en devient si grand qu'il est impossible de rechercher à quels corps ils appartiennent. Presque tous sont sans képi. De fâcheux symptômes me font déjà mal augurer de la journée. Beaucoup d'hommes reviennent, prétextant des blessures et n'ayant que des égratignures insignifiantes ; un soldat blessé très légèrement au bras est rapporté sur les épaules de ses camarades ; ils se mettent à seize pour le soutenir, et rapporter l'un son fusil, l'autre son sac, etc., et restent tranquillement à Rueil pendant le combat ! La cour de la maison est remplie d'hommes valides ! J'y remarque un sergent de la ligne qui, lui douzième,

vient de ramener un *contusionné* et se met à man-
ger du pain sans penser à retourner à son régiment. Le baron Larrey est arrivé à l'ambulance et
préside aux opérations. Les omnibus emmènent
à Paris ceux qui sont transportables.

A une heure et demie, les obus éclatent près de
la mairie, sur l'église, et les cochers des ambulances font mine de se replier.

Le combat dure toujours, mais les blessés nous
donnent des nouvelles fàcheuses pour l'issue de
cette sanglante journée. Longboyau tient toujours.

Dans les rues, les gardes, nombreux, errent à
la recherche de vivres; ils ont perdu leurs bataill-
lons et... leurs sacs. Les cabarets sont pris d'as-
saut.

A quatre heures, le combat se rapproche ; nous
reculons. Un brouillard épais se lève; la pluie
d'obus cesse.

A cinq heures et demie, les colonnes en désordre
se replient par toutes les rues.

On ne sait plus où recueillir les cadavres.

Je vois le vénérable M. de Coriolis étendu au
corps de garde de la mairie. Il est atteint de plusieurs coups de feu ; il avait été frappé à Bois-
Préau.

Le général Susbielle et beaucoup d'officiers
viennent à la mairie demander des logements.

Les habitants se multiplient et donnent tous leurs matelas.

La nuit arrive. Un désordre invraisemblable règne partout, malgré le zèle de nos conseillers municipaux. Les sœurs de l'asile et de la crèche prodiguent leurs soins aux blessés. M. Hervet est frappé par un garde qui voulait, malgré nos efforts, dépouiller un moribond. Cet homme est mis en état d'arrestation.

La nuit se passe sans trop d'alertes. Cependant des scènes regrettables ont eu lieu ; un grand nombre de maisons ont été mises au pillage, portes enfoncées, meubles brisés, caves vidées, et une foule d'objets ont été volés. La maison de M. Lebaigue, entre autres. Des gardes nationaux pillards ont passé la nuit, non à se reposer, mais à *fureter* partout. Cachemires, robes de soie, tableaux, armoires de mercerie, tonneaux de vin... jolis trophées, digne de héros! Ces scènes de pillage continuent dans la matinée au château de Bois-Préau. Il faut toute l'énergie des jardiniers et du régisseur pour empêcher de graves dégâts.

Enfin, on nous dit qu'une suspension d'armes est demandée. M. de Lafeuillade, officier d'ordonnance du général Noël, va parlementer avec l'ennemi.

Tous les corps de gardes nationaux relevés à Buzenval sont emportés à l'hôpital Beaujon.

Le 26, une dépêche nous annonce : *Suspension*

d'armes. Un silence de mort succède aux terribles éclats du bombardement de Paris.

Le 27, plusieurs obus tombent encore à Rueil et répandent une nouvelle épouvante... C'était une erreur de l'ennemi, la suspension d'armes n'est pas rompue. Les derniers obus de la guerre étaient tombés sur Rueil!

28 janvier. — On négocie à Versailles.

29 janvier. — Nous allons rendre visite au général Noël qui est au désespoir; il vient de recevoir l'ordre de livrer à l'ennemi le fort du Mont-Valérien!

Ordre est transmis aux avant-postes de se replier sous Paris. Les colonnes prussiennes traversent Rueil. La municipalité est sur les dents, les officiers sont là et veulent des logements *propres*.

La ville reprend une animation extraordinaire, toutes les fenêtres sont éclairées le soir, et les Prussiens chantent... l'*halali courant*. Réquisitions, exigences inconcevables! 3 à 4,000 ennemis à satisfaire! Les mouvements de pendule sont avidement recherchés par les pillards! Calèches, armes, livres, tout ce qui plaisait aux officiers était... emballé. L'*Amour en marbre blanc*, statue bien connue à la Malmaison, est emporté après l'armistice conclu.

Les douze premiers jours, les régiments de l'armée régulière occupent Rueil.

Ils sont remplacés ensuite par la landwehr de la garde, nous perdons encore au change. Ceux-là sont des ivrognes fieffés.

Le général von Schmitz vient lui-même à Rueil et veut s'emparer de l'ambulance de la mairie, ce qui lui est énergiquement refusé.

Le 20 février, l'autorité militaire prussienne imposa Rueil d'une réquisition de 193,000 fr.

Les habitants firent la somme qui fut réduite de plus d'un tiers.

Le 7 mars 1871, à sept heures et demie du matin, les Prussiens nous quittèrent...

(Extrait des notes du docteur Launay.)

Voici un échantillon des formes employées par nos vainqueurs dans leurs réquisitions :

COMMANDEMENT SUPÉRIEUR DE LA TROISIÈME ARMÉE

Section I. J. N° 6036.

Quartier général de Versailles, 18 février 1871.

Pour faire rentrer la contribution de guerre imposée au département de Seine-et-Oise par le gou-- vernement du Nord avant la conclusion probable de la paix, le commandement supérieur reçoit l'ordre, sur la demande de la préfecture royale du Nord, d'une exécution militaire, et décide ce qu'il suit :

1° Le but de l'exécution est de faire rentrer la somme qui a été marquée pour chaque canton dans le tableau.

2° Les chefs du commandement auront aussitôt à envoyer des détachements de troupes dans les villes principales du canton où la garnison est insuffisante.

La force de ces détachements se composera d'une compagnie d'infanterie et d'un train de cavalerie. Dans les endroits où il se trouve déjà des troupes, un officier sera chargé de cette exécution.

3° Vu la difficulté de rentrer dans les fonds, il faudra apporter un soin particulier dans le choix de l'officier à qui sera confiée la direction du commandement et lui donner le décret de la préfecture, afin qu'il puisse le remettre à qui de droit ; il faudra aussi adjoindre à chaque commandement un employé de l'intendance ou un officier-payeur.

4° Les troupes faisant partie de l'exécution auront droit à un entretien complet pendant le temps que durera l'exécution ; de plus, les officiers recevront 6 fr. et les soldats 2 fr. par jour.

5° Après ce qu'il a été dit dans les conventions faites entre les autorités supérieures, *les mesures violentes telles que l'incendie des maisons et la fusillade*, ne doivent pas avoir lieu pendant la durée de l'armistice.

On recommande donc d'employer les moyens d'exécution les plus efficaces, par exemple, de donner d'abord aux maires, puis aux membres du conseil municipal, beaucoup de soldats à loger, de les faire arrêter et de les emmener. Il reste encore la faculté au chef du commandement de s'étendre sur d'autres lieux du canton, si le résultat du chef-lieu n'est pas satisfaisant.

6° Comme il est dans notre intérêt de terminer cette exécution le plus tôt possible, nous recommandons de faire prévenir d'avance les villes par des détachements de cavalerie, en leur notifiant le désavantage qui pourrait résulter pour elles d'un retard dans le payement.

7° Les sommes mêmes ou guidons de renvoi seront envoyés à la caisse de la préfecture.

8° Les chefs du commandement auront à rendre directement compte sur le début, le progrès et la fin de l'exécution.

De la part du commandement supérieur :

Le chef du quartier général,

DE BLUMENTHAL.

A la division de la landwehr de la garde royale.

COMMANDEMENT SUPÉRIEUR DE LA TROISIÈME ARMÉE

Quartier général de Versailles, 19 février 1871.

J'ai l'honneur d'adresser au commandement supérieur l'extrait des contributions arriérées du canton de Marly-le-Roi, en priant de faire rentrer par un détachement de troupes ces contributions qui s'élèvent à la somme de 125,768 fr. 78.

Comme il existe, surtout dans les communes de Bougival et de Rueil, des maisons de campagne appartenant à des marchands riches, à des rentiers et à des banquiers, il sera inutile de donner aux maires et aux membres du conseil beaucoup de soldats à loger, dans le but de faire rentrer les contributions arriérées.

Le préfet,
BRANCHITSDZ.

La division de la landwehr de la garde royale est invitée à faire rentrer les contributions arriérées dans les communes marquées dans le tableau d'après l'ordonnance du 8 février, et de nous en faire parvenir le résultat.

Versailles, 19 février 1871.

GOTTBERG.

	Arriéré de décembre.	4 0/0 de frais.	Arriéré de janvier.	4 0/0 de frais.	Abonnement journal.	Somme totale.
Rueil	32.887 05	1.315 48	27.405 87	1.141 92	8 fr.	62.758 32

DIVISION DE LANDWEHR DE LA GARDE

Saint-Germain, 19 février 1871.

D'après l'ordonnance ci-contre du commandement supérieur en date du 19 février, la division doit faire rentrer les contributions arriérées dans diverses communes.

Les principes qui devront servir de guide sont renfermés dans l'instruction qui suit et la brigade est chargée d'en assurer l'exécution.

1º A Rueil, la réquisition de 62,758 fr. 32 c. sera directement exécutée et la somme devra être versée à la division.

2º Il faudra adjoindre, à la compagnie, des officiers parlant français. Quant à l'entretien des troupes et au payement des 2 fr. et 6 fr., il faut suivre l'ordonnance du 18 février.

S'il est dit, dans l'ordonnance du 18 février, que les chefs de compagnie doivent rendre compte directement au commandement supérieur, il devra en être autrement dans le cas présent ; on en rendra compte à la division.

Les détachements rentreront dans leurs cantonnements aussitôt les contributions recouvrées.

DE LOEN.

Pas de commentaires!!

Il est temps de revenir aux braves *Tirailleurs des Ternes*; leur commandant, M. de Vertus, avait également mission de surveillance sur les habitants *douteux* de Rueil, où l'ennemi entretenait nombre d'espions. Cette petite ville resta toujours neutre, c'est-à-dire ne fut jamais occupée ni par les Bavarois ni par nous, mais chaque jour, comme on vient de le lire dans les notes du médecin de Rueil, les reconnaissances fouillaient les rues et les éclaireurs à cheval y pénétraient sans cesse. On acquit bientôt la preuve qu'une connivence existait entre l'ennemi et un certain nombre d'individus étrangers à la localité, qui, au moyen de signaux, annonçaient régulièrement l'arrivée des Français.

De cette façon, jamais on ne put découvrir les coupables et l'ennemi reçut par Rueil les rapports réguliers et les journaux de Paris.

On sait aujourd'hui que, par l'intermédiaire de vieilles paysannes, les Bavarois obtinrent tous leurs renseignements. Cela n'a pas empêché d'accuser de ces crimes les braves franc-tireurs auxquels le général Noël a voulu rendre hommage dans une lettre adressée à leur valeureux chef.

De Nanterre les tirailleurs passèrent à Suresnes où nous les retrouvons le 18 janvier, la veille de Buzenval.

Ils devaient, ce jour-là aussi, prendre la place d'honneur; c'est dire qu'ils furent adjoints à la colonne du colonel Mosnosin-Dupin en première ligne.

On a beaucoup parlé des moyens imaginés par l'ennemi pour se procurer des journaux et des correspondances de Paris; il est de fait qu'il y employait jusqu'à des chiens parfaitement dressés à ce genre d'exercice. Dans plusieurs reconnaissances, on avait signalé un mâtin de race montagneuse, au poil blanc-roux tacheté de noir; le 19 janvier, au moment où le 135ᵉ de marche et les *Tirailleurs des Ternes* attaquaient Montretout, les premiers coups de feu firent débusquer par le chemin de la redoute ce gros toutou; dans la précipitation avec laquelle on fit feu sur lui, ce quadrupède fut manqué.

— Nom d'un chien! s'écria un des tirailleurs, quel gigot on aurait préparé ce soir avec la chair de cet espion!

Cette exclamation fut attribuée au capitaine Catalan, chargé d'occuper, avec 200 tirailleurs et les mobiles de Lareinty, le parc Pozzo di Borgho et la maison Zimmermann. Cette opération, rapidement conduite par le général Noël, fut menée avec cet entrain et cette gaieté que la mitraille ne pouvait atteindre, et qui contrastait avec la froide résolution des gardes nationaux du 7e, commandant Plaine-Lépine Ce furent les lieutenants Audoyer et Giroux qui firent les premiers prisonniers. Avec l'aide de l'adjudant-major des tirailleurs, M. Guillon, ils les conduisirent au Mont-Valérien. Un retour offensif de l'ennemi fut meurtrier pour l'adjudant Guillon, qui tomba mortellement frappé, ainsi que le capitaine Catalan, grièvement blessé, avec MM. de Germeman, de Laurès, de Vignez, Bourgeais, Demarest et Tinet. On relève ces braves volontaires et l'on confie les prisonniers à un peloton commandé par le sous-officier Ichemember. Parmi les Bavarois se trouvait un officier du grand-duché de Posen n° 10; Ichemember l'amène au général Vinoy, qui était à la Tuilerie.

— D'où vient cet officier ennemi? demande Vinoy.

— De Montretout, mon général.

— Comment, vous êtes à Montretout?

— Nous l'occupons depuis une heure, mon général, et nous y sommes même seuls!

C'est ainsi que le général Vinoy connut la prise de Montretout.

Après l'occupation des maisons de Saint-Cloud, les tirailleurs furent chargés de s'emparer de la redoute de Montretout; guidés par le capitaine Grandet et l'adjudant Bardet, appuyés par les mobiles d'Ille-et-Vilaine, par le 135e de marche et les zouaves, sous les ordres supérieurs du commandant Viel du 133e de ligne, tous ces braves gens s'élancent et passant sur des madriers, s'emparent au pas gymnastique de la redoute où ils font cinquante prisonniers! Le lieutenant Gérome est tué... les Silésiens sont en fuite...

Après la prise de la redoute où s'installa le général Pélissier, il y eut un terrible incident qu'il nous est impossible de passer sous silence. Je laisse la parole à un des témoins: « Les Prussiens couvraient de projectiles la position que nous venions de leur ravir. Tout à coup voilà qu'il nous arrive des obus dans le dos! Bien loin, au pied du Mont-Valérien, de petits nuages de fumée nous révèlent la présence des batteries établies près d'une haie. *C'est notre artillerie qui tire sur nous.* On agite des mouchoirs, les képis, le 2e bataillon élève en l'air un fanion tricolore, emprunté à la garde nationale... Peines perdues! Deux nouveaux obus viennent tomber en plein dans nos rangs. Quatre hommes sont tués, six blessés grièvement! Le commandant Ballue, du 3e zouaves, dépêche quelques estafettes en arrière et fait cesser le feu.

» L'officier d'artillerie qui commandait cette batterie fut au désespoir. Il expliqua qu'on lui avait donné l'ordre de tirer sur la redoute dans l'ignorance où l'on était qu'il y eût des Français si en avant. Il avait pris nos *tirailleurs* pour des Prussiens et tiré dans le tas! Il aurait pu ajouter qu'il avait tiré juste! »

Parmi les quatre cents prisonniers faits par l'ennemi à la maison Zimmermann, où se retranchèrent héroïquement jusqu'après épuisement de leurs munitions les mobiles du commandant Lareinty, se trouvaient aussi dix tirailleurs des Ternes. On les avait chargés de guider la colonne d'attaque. Leurs noms sont cités plus loin.

Et maintenant que dans cette rapide étude nous avons esquissé le rôle si honorable du bataillon des Ternes, si glorieusement cité pendant ce duel de cinq mois, nommé le siége de Paris; maintenant qu'on connaît la part glorieuse prise à toutes les affaires par ces volontaires, il ne reste qu'un mot à ajouter, relatif aux récompenses décernées à cette troupe.

Il n'y eut pas une croix, pas une médaille données à ces héros après la journée de Montretout!

Leur chef n'a reçu aucune récompense quand tant de gens qui n'ont pas quitté les boulevards de tout le siége, ont été si gratuitement enrubannés !

Mais ce n'est pas tout. A la cérémonie commémorative de Saint-Cloud, le 19 janvier 1873, des cartouches en guirlandes placés près de l'église contenaient tous les noms des corps ayant pris part à la bataille de Montretout-Buzenval.

Le seul nom des *Francs-Tireurs des Ternes* y manquait ! Pourquoi ?

Parce que, pour des motifs politiques, certaines *personnalités* ont conservé rancune à ces braves gens dont un si grand nombre est tombé aux avant-postes de Montretout à Rueil !

Ceux qui leur ont survécu tenaient aussi fièrement qu'eux la branche de houx ! Ils ont conscience du devoir volontairement accompli.

Cela suffit à leur patriotisme.

Voici leurs noms et leurs états de services :

TIRAILLEURS-ÉCLAIREURS DES TERNES

— BATAILLON DIT DE LA BRANCHE DE HOUX —

Recruté, organisé et commandé par M. de Vertus (Louis-Edouard), cinquante-trois ans.

ÉTAT-MAJOR

MM. de Vertus (Louis-Edouard), chef de bataillon, organisateur;

Cabaud, lieutenant-trésorier;

Guillon (Jules), lieutenant adjudant-major;

Bardet (Denis), adjudant sous-officier;

Cabaud aîné, sergent-major vagmestre;

Hy, sergent-fourrier;

Mahalin (Paul), sergent secrétaire du commandant;

Diaz de la Pëna (Eugène), sergent secrétaire du trésorier;

Ledur, sergent deuxième secrétaire du commandant;

Dénizot, sergent maître armurier;

Roth, caporal clairon, clairon d'ordonnance du commandant;

Abenzaër, caporal sapeur.

AMBULANCE SÉDENTAIRE

M. Haincq de Saint-Senoq, directeur, en son hôtel,
rue Demours, 21.

SERVICE DE SANTÉ

MM. le docteur Le Guillon, médecin-major (C. ✳);
le docteur Martin, aide-major;
l'abbé Chessé, aumônier, directeur de l'ambulance volante.
Mmes de Vertus, Mahalin, Guillon, Cabaud et de
Curty, attachées aux deux ambulances.

QUATRE COMPAGNIES. — EFFECTIF MOYEN : 150 HOMMES

Première.	Deuxième.	Troisième.	Quatrième.	
Catalan.	de Junemann.	Giraudier.	Darbonnens.	*Capitaines*
Gallon.	Hénault.	Berloux.	Giroux.	*Lieutenants.*
de Curty.	Audoyer.	Fouillette.	Billard.	*Sous-lieutenants*
Trèshardy.	Moreau.	Degroux.	Wilem.	*Sergents-majors*
Poupart.	Mathieu.	Remy.	Desmarest.	*Sergents-fourr.*
Fusin.	Brix.	Pompon.	Mulot.	*Sergents.*
Jarry.	Amiot.	Béonard.	Christian.	—
Chuseau.	Chatel.	Quinter.	Gilbert.	—
Foix.	Couturier.	Coudert.	Uguenin.	—
Levasseur.	Duchinsky.	Bourdelot.	Finet.	*Sergents de tir.*
Monchaussée.	Lefebvre,	Tissot.	Lasuon.	*Caporaux.*
Guiral.	Ducastel.	Malfait.	Marichy.	—
Daudin.	Floury.	Maufange.	Blanchet.	—
Oudinot.	Bekendorf.	Gilbert.	Moreau.	—
Berton,	Touraille.	Boiron.	Bru.	—
Ribe.	Gobier.	Enreille.	Marichy.	—
Schill.	Cariol.	Gitzel.	Lelièvre.	—
Lombard.	Boisgard.	Remy.	Ribet.	—
Bougenot.	Bontemps.	Pasquiou.	Fleury.	*Clairons.*
Herbin.	Moulean.	Loison.	Fondary.	—

Par suite d'avancement, de mutations, etc., furent également gradés les volontaires dont les noms suivent :

Junosa, sergent-major, 2e ;
Desrats, sergent-major, 2e ;
Levasseur, sergent-major, 1re ;
Legouge, caporal ;
Jeangeos, id. ;
Rubrich, id. ;
Fleury, id. ;
Villeribierre, sergent, 2e ;
Glienn, id. ;
Durand, sergent secrétaire ;
Millery, sergent-fourrier ;
Genillon, caporal ;
Dhiel, caporal secrétaire.

TUÉS OU BLESSÉS MORTS DE LEURS BLESSURES

De Junemann (Edouard), mort frappé d'une balle à la tête, 19 janvier (parc Pozzo di Borgho), capitaine, 2e compagnie ;

Guillon (Jules), mort frappé d'une balle à la tête, 19 janvier (redoute de Montretout), lieutenant adjudant-major ;

Giroux (Alfred), mort frappé par un obus, deux jambes emportées (redoute de Montretout), lieutenant, 4e compagnie ;

Pointurier, mort frappé d'une balle au cœur,
18 novembre (à la Malmaison), tirailleur;

Itard, mort frappé d'une balle au ventre, 18 novembre (à la Malmaison), tirailleur;

Lasnon, blessé d'une balle au côté droit, mort de
cette blessure à l'ambulance de Rueil, caporal;

Goujon, blessé d'une balle au pied, le 6 octobre,
à Petit-Brie, mort le 25 des suites de sa blessure;

Vignez, blessé d'une balle au sein droit, à la Malmaison, 20 décembre, mort des suite de sa
blessure à l'ambulance de Rueil, 31 décembre;

Millery (Edouard), sergent, blessé dans une reconnaissance le 9 janvier, à Saint-Cloud, mort
de sa blessure le 8 février;

Bourgeois (Georges), volontaire frappé d'une balle
en pleine poitrine (parc Pozzo di Borgho), resté
sur le champ de bataille;

Stieffel, volontaire disparu ou dit tué au même
moment que le précédent; n'a pas reparu;

Demarest, sergent-fourrier, était à l'hôpital pour
blessure reçue à la Malmaison, sorti le 19, accourt et rejoint son corps sur le champ de
bataille, reçoit une nouvelle blessure, dont il est
mort le 8 février, à Paris;

De Laurès, volontaire, dix-sept ans, frappé d'une
balle le 19 janvier, mort de cette blessure;

Mathieu, sergent-fourrier, dix-huit ans, mort des

suites de fatigues et privations, mérite, par son courage, de figurer avec les morts du champ de bataille;

Dhiel, caporal, mort des suites de blessures;

Durand, volontaire, disparu le 19 janvier, n'a pas reparu; cru mort;

Perelli, commandant des carabiniers parisiens, avait appartenu au bataillon des Ternes (mémoire);

Catalan, capitaine, grièvement blessé parc Pozzo di Borgho, le 19 janvier, d'une balle à la tête (a survécu).

Nentziker (de nationalité suisse), blessé d'une balle au bras gauche;

Aubert, volontaire, blessé de deux coups de feu, n'avait pas voulu quitter le champ de bataille après sa première blessure;

Marié, volontaire, blessé le 19 janvier, barricade du chemin de Garches;

Nuquenin, sergent, gravement contusionné aux mains et à la figure, 19 janvier;

Finet, sergent, grièvement blessé le 19 janvier, parc Pozzo di Borgho;

Gilbert (Pierre), caporal, deux bras traversés par la même balle, affaire du 18 novembre, à la Malmaison;

Malfait, caporal, blessure à l'épaule, 19 janvier;

Saussier (Emile), tirailleur, blessures au cou et à la tête, 18 novembre, Rueil.

Mercier, et deux autres morts de maladies occasionnées par les fatigues et le service vraiment pénible des avant-postes; néanmoins, l'état sanitaire fut toujours des plus satisfaisants.

FAITS PRISONNIERS AVEC M. LE COMTE DE LAREINTY

Auquel ils avaient été donnés pour éclaireurs,
à Saint-Cloud, 19 janvier.

Baudrillard,
Renard,
Patriarche,
Heill,
Jantzy,
De Clipele,
Julien,
Schmitt,
Fondary,
Schilltz,
Tournier,
Tybreick.

La plupart de ces hommes ne reparurent plus. D'où je dois inférer que quelques-uns furent tués, les autres grièvement blessés et morts aux ambulances ennemies.

A la journée de Montretout, 19 janvier, les tirailleurs des Ternes firent 26 ou 27 prisonniers, dont 1 officier; le régiment ennemi était le 10ᵉ poméranien.

Le commandant de Vertus avait reçu le commandement de la place de Nanterre, et fut constamment chargé des expéditions les plus difficiles : passage de messagers envoyés en province, expédition pour faire sauter le pont de X... en face de Nanterre, occupation de Rueil pendant l'affaire de l'île du Chiard, entrée par une brèche faite par le génie dans le mur du parc de la Malmaison, etc., etc...

Cité à l'ordre par le général Ducrot, 21 octobre; cité à l'ordre pour l'occupation de Rueil; cité à l'ordre par le général Vinoy, le 19 janvier, le commandant est complimenté, et reçoit l'ordre du général Vinoy de transmettre le témoignage de sa satisfaction au bataillon pour s'être offert à dégager le comte de Lareinty dans la nuit du 19 janvier.

RÉCOMPENSES ACCORDÉES AU BATAILLON DES TERNES

Pour trois mois consécutifs aux avant-postes et cinq mois de combats journaliers, pour ses pertes, sa valeur, son esprit d'ordre et de conservation, avec un effectif de 613 hommes.

Amiot (Emile), sergent, décoré de la médaille militaire, à Nanterre. Cinq propositions avaient été faites.

Nentziker, volontaire (Suisse), décoré de la médaille militaire pour action d'éclat et blessure reçue à Saint-Cloud.

Trèshardy, sergent-major, fourrier d'ordre près du général Noël, médaille militaire.

Pompon, sergent, décoré de la médaille militaire pour sa belle conduite pendant tout le siége.

Par le commandant, ont été proposés pour diverses récompenses les officiers, sous-officiers et volontaires dont les noms suivent :

Catalan, capitaine. pour chevalier de la Légion d'honneur ;

Audoyer, sous-lieutenant, id. ;

Giroux, lieutenant, blessé mortellement, id. ;

Poupart, fourrier, pour la médaille militaire ;

Fusin, sergent. id.:

Jarry, sergent, id.;

Moreau, sergent-major, id.;

Couturier, sergent, id.;

Remy, sergent, id.;

Degroux, sergent-major, id.;

Finet, sergent, id., blessé;

Malfait, caporal, id.;

Millery, sergent, id., blessé, mort;

Aubert, volontaire, id., blessé;

Roth, caporal clairon, id.;

Ribe, caporal clairon, id.;

Auvigne, volontaire, id.;

Fleury, caporal, id.;

Marié, volontaire, id.;

Ribe, sergent, id.

M. Bardet, adjudant sous-officier, a été proposé pour la Légion d'honneur, était décoré de la médaille militaire, etc., etc.

M. le commandant de Vertus nous écrit que s'il avait eu cent médailles, il eût pu les laisser tomber au hasard, elles se seraient fixées sur des poitrines dignes de les porter.

Le chef des tirailleurs des Ternes nous apprend que MM. Legrand et Blanchin, de Dormans, ont fait dans les fossés de la redoute de Montretout 22 prisonniers le 19 janvier 1871.

IV

LES

ÉCLAIREURS DE FRANCHETTI

Il est probable que les historiens futurs du siége de Paris décriront l'état des esprits parisiens comme exaltés, dès le début, par cette ferme résolution de vaincre ou de mourir qui fait les héros! Bien haut ils étaleront les vertus de cette énergique population «prête à se laisser ensevelir sous ses ruines plutôt que de se rendre» et l'histoire aura une légende de plus!

Oui, une légende, car rien ne sera moins vrai que ce tableau. Paris est resté *passif* jusqu'au milieu du siége...

A part quelques braillards, on conserva longtemps le vague espoir de voir « les choses
s'arranger », et néanmoins, les allures à la
Bayard des deux gouvernements qui se succédèrent répondaient au vœu général ! On criait
bien haut : Mort aux Prussiens ! et on attendait
une pacifique intervention des puissances étran-
gères ; on dénonçait à la vindicte publique les
nombreux francs-fileurs... et on ne s'enrôlait
pas dans les troupes de volontaires. On appro-
visionnait Paris de victuailles et de charbon...
et les puissants du jour, qui auraient dû faire
preuve d'enthousiasme, laissaient dire à leurs
amis que Paris ne pourrait résister quarante-
huit heures ! A ceux qui accouraient pour
demander des armes à l'Hôtel de Ville, on
débitait un petit chapelet de phrases glacées
destinées à refroidir un trop grand zèle :
« Héroïque folie ! plus d'armée, pas de canons, etc. »

A les entendre, on se demandait si nous n'a-
vions pas plus court d'aller nous mettre au lit
pour nous laisser surprendre dans notre premier sommeil.... Aussi pendant qu'il était

encore temps, une notable partie de la population virile prit la poudre d'escampette — munition de guerre qui entraînait loin du danger. Les bouches inutiles furent invitées à s'en aller et les gares prirent un aspect sinistre ; on s'y bousculait la bourse au poing..., c'est à peine si l'on pouvait serrer la main à ceux qu'on faisait évader ; le déchirement était si brusque, si brutal, qu'on n'en sentait pas tout d'abord la tristesse. Au milieu du brouhaha, les voitures chargées de malles étaient insultées par le peuple criant à la désertion — fâcheux symptômes qui dénotaient les plus bas sentiments, car les vieillards, les femmes et les enfants ne pouvaient que nuire à la défense ! L'envie, ce cancer des démocraties surexcitées, se transformait déjà en désir féroce de soulager sa souffrance en perspective par la vue de celle des autres...

Tel était, exactement, l'état moral de la population parisienne à la fin du mois d'août et au commencement de septembre. Nous revenions alors de l'Alsace envahie ; il nous avait fallu trois jours pour arriver de Verdun ! et nous dé-

barquions en même temps que les mobiles indis-
ciplinés renvoyés de Châlons.

Quelle fut notre douloureuse surprise à la vue
de Paris, agité, il est vrai, mais inconscient;
sur les boulevards, à la Bourse, dans les cafés,
on était plein de confiance! Les Parisiens se
repaissaient de si chimériques espérances, qu'ils
voulaient encore voir l'avenir en beau quand
le présent nous offrait la situation suivante :

Strasbourg et Metz assiégés, la dernière
armée de la France à peine reformée, entre-
prenant « pour des considérations politiques »
une périlleuse marche de flanc, et les uhlans
en vue de Châlons!

Les théâtres, les cafés-concerts étaient pleins;
on y hurlait la *Marseillaise* avec furie.

En politique, le plus grand désaccord! L'empereur aux abois venait de faire une concession
au parti démocratique et avait remis les destinées de Paris entre les mains d'un des
généraux les plus populaires par l'opposition
qu'il avait faite à l'empire. Une grande affiche
blanche annonçait aux Parisiens que le général
Trochu « avec l'aide de Dieu et pour la patrie »

devenait gouverneur de Paris. Nous lisions cette belle proclamation du général-gouverneur, résolu à ne *favoriser aucun parti*, mais décidé à se montrer « hostile aux gredins » (ce qu'il ne fit pas assez), lorsqu'une main vigoureuse nous saisit le bras. C'était celle de notre ancien ami Léon Franchetti. Il était pâle, nerveux. Nous nous étions perdus de vue depuis plusieurs années. Après quelques mots échangés brièvement, Franchetti me dit : — Mon cher, nous sommes *flambés* si tout le monde ne s'y met. Venez avec moi à l'état-major de la garde nationale.

Ce disant, nous allons place Vendôme, où nous attendons trois heures l'arrivée du colonel Borel, chef d'état-major. Après un long entretien avec lui, le peu d'illusion que Franchetti pouvait avoir sur les cadres de la garde nationale à cheval, s'éclipsa totalement. D'après les conseils du colonel, Franchetti s'adressa directement au gouverneur de Paris.

Quels étaient les projets de Franchetti?

Ce patriote ardent, cette âme d'élite avait rêvé d'accomplir une de ces missions de chevalerie et d'exemple national qui font dire d'un homme : il a bien mérité de la France. Il pouvait, comme tant d'autres, payer légalement sa dette à son pays en se vouant à la défense des remparts ou des foyers, et son devoir serait rempli. Son intelligence merveilleuse lui fait pressentir les événements. Il est *honteux* de voir trois uhlans prendre à eux seuls des villes françaises; il sent toutes les colères du désespoir et il conçoit, le premier, l'idée d'un escadron de volontaires s'offrant à la France comme un don national. Il veut former une troupe de *contre-uhlans.* Il s'adressera principalement aux classes aisées, qui doivent d'après lui donner l'exemple des sacrifices. Dans sa troupe, il n'admettra que ceux qui sont, comme lui-même, exempts du service militaire par les droits de la famille, de l'âge ou de l'extrême jeunesse.

Son ancien général, le maréchal Baraguey-d'Hilliers, appuie ses démarches, mais on le renvoie des ministères aux Tuileries, du château au gouverneur, du gouverneur à la place, de la place à l'état-major de la garde nationale, et depuis quinze jours, Léon Franchetti n'a rien obtenu. Que demande-t-il donc? l'autorisation de former un corps franc, pas davantage. Las de toutes ces rebuffades, Franchetti sollicite et obtient une audience de l'impératrice régente, le 26 août. Il est bien reçu, on lui promet les chevaux de la vénerie *dès que le ministre aura signé l'autorisation* nécessaire pour recruter des volontaires. Le marquis de Castelbajac, chargé par la régente d'appuyer la requête de Franchetti, lui demande d'y joindre ses états de service...

Ils étaient assez beaux, ces états de service. Jugez-en :

Engagé volontaire en 1855 au 1er chasseurs d'Afrique, Léon-Joseph Franchetti était sous-officier à ce régiment au début de la guerre d'Italie.

Porte-fanion du maréchal Baraguey-d'Hilliers, il fut blessé d'un coup de feu au bras gauche, cité à l'ordre du jour et nommé sous-lieutenant le 8 juillet 1859, après le combat de Marignan.

Plus tard, il prend part à l'expédition de

Syrie, et le 11 mai 1861, il donne sa démission, après être resté constamment en campagne depuis son entrée au service.

Une vie nouvelle s'offre pour lui, il se marie, devient père de famille et s'associe aux grandes affaires industrielles, quand soudain éclate la guerre.

. . . .

Franchetti se rend au Louvre où il est très chaleureusement accueilli par le gouverneur de Paris et par MM. de Chabaud-Latour et Lamotterouge. On approuve son idée généreuse et le général Trochu lui dit :

— Amenez-moi dans la cour du Louvre un peloton de volontaires monté et équipé, et je vous donnerai sur-le-champ un service d'honneur.

Douter, pour lui, était un crime ! A peine sorti du Louvre, il se rend avec nous chez M. Joly de Marval, un de ses anciens camarades d'Afrique. Celui-ci le met en rapport avec M. Gabriel Benoît-Champy, administrateur fort habile de plusieurs grandes compagnies.

— J'en ai assez de l'autorité, nous dit alors

Franchetti. Ces gens-là sont aveugles. Je me passe de leur autorisation. Faisons, au moyen des journaux, un appel direct aux Français dignes de ce nom.

Léon Franchetti approuve la rédaction de plusieurs notes destinées aux journaux de Paris. — Il se charge de faire insérer l'une d'elles au *Journal officiel*. M. Benoît-Champy va aux *Débats* et à la *France*; j'ai mission d'obtenir l'insertion des autres dans les bureaux de rédaction où j'ai mes entrées.

A minuit nous nous retrouvons chez Léon Franchetti. Tous les journaux ont accepté notre note — tous, sauf deux — l'*Officiel* qui n'a pas voulu; le *Figaro*, qui l'a trouvée inutile et ennuyeuse (*sic*).

Le lendemain, 27 août 1870, grâce à notre publicité, il y avait déjà dix inscriptions reçues. Les voici par ordre d'engagements :

Joly de Marval, ancien sous-officier de chasseurs d'Afrique, marié ;

G. Benoît-Champy, rentier, vice-président du Yachting-Club, marié :

Le Fez, ancien spahis;

Ed. Rodrigues, homme de lettres, marié;

Phélipini, rentier, marié;

J. Crémieux, négociant, marié;

Taconnet, ancien sous-officier;

Debost, attaché au ministère des finances, marié;

Simonne, négociant, marié;

Le Teinturier, rentier, marié...

A ces volontaires du premier jour, il faut joindre la liste des généreux donateurs qui répondirent avec tant d'empressement au premier appel:

M. A. Lazard, un cheval et cinq cents francs. Quand Franchetti reçut ce don volontaire, il s'écria:

— Mes amis, nous sommes sauvés! on m'envoie dans cette lettre un cheval et cinq cents francs!

Vicomte Aguado, trois chevaux de chasse;

Comte de Grefülhe, quatre chevaux;

De Borda, trois chevaux;

Le Teinturier, trois chevaux harnachés et un homme d'écurie;

De Najac, un cheval d'officier ;

Lemaire, un cheval ;

Subervielle, un cheval et cinq cents francs ;

Merton, un cheval ;

Blerzy, deux chevaux ;

De Paris, un cheval ;

De Montigny, trois chevaux ;

Hubert Debrousse, trois chevaux et mille francs ;

Halphen, un cheval et cinq cents francs.

A cette liste, on pourrait joindre les dons anonymes de beaucoup de Parisiens, tels que : MM. de Rothschild, Worms, Hollander, Fould et Camondo, etc.

Ainsi donc, en quelques jours d'initiative et d'activité, on avait réuni une quinzaine de mille francs, vingt-cinq chevaux, autant de volontaires, et on s'était caserné, sans aucune autorisation, dans les écuries vides de la rue Marbœuf.

Bref, le 30 août, l'escadron des volontaires à cheval se réunit pour la première fois, à 9 heures du matin, derrière le Palais de l'Industrie.

Il y avait vingt cavaliers bien montés. Aux dix premiers engagés nommés plus haut s'étaient joints MM. Lacombe, ancien sous-officier de cuirassiers, marié; Pilté, maître de forges; d'Erseville, rentier; Susini, ancien sous-officier du train; Lasseron, ingénieur; Pelerin, rentier, marié : Hubert Debrousse, rentier; Schœf, rentier; de Kergariou, officier de mobiles; Carries, etc., etc.

Ces vingt cavaliers firent une petite manœuvre sous les ordres de Franchetti et furent divisés en deux pelotons.

Le casernement de l'avenue Marbeuf devenait insuffisant. On loua les écuries de John Hawes, avenue Montaigne, et l'organisation militaire du petit escadron marcha rapidement.

Le 2 septembre, je fus chargé personnellement d'aller à l'Hôtel de Ville présenter les *Eclaireurs à cheval de la Seine* à M. Alfred Blanche, qui remplissait alors les difficiles fonctions de préfet.

Fort courtoisement admis, tandis que le conseil municipal était réuni, je reçus la pro-

messe d'une *subvention de trois mille francs*
que la ville de Paris offrait au fondateur des
volontaires.

Léon Franchetti n'eut pas d'autre encourage-
ment, et notez bien que la promesse du conseil
municipal ne fut pas tenue, puisque le surlendemain ce conseil lui-même n'existait plus.

Les limites de cet ouvrage m'empêchent
d'entrer dans les nombreux détails d'une organisation où tout devait être improvisé, depuis l'uniforme jusqu'à l'armement des volontaires. Qu'il suffise au lecteur de savoir
qu'après des prodiges d'activité, de sacrifices
de toute sorte, Léon Franchetti put réunir, le
4 *septembre*, quarante-huit cavaliers montés,
armés et à peu près en tenue militaire [1].

J'ai dit qu'il avait une merveilleuse intelligence. En voici la preuve. Léon Franchetti,

---

[1] La tenue était simple et pratique : pelisse noire,
ceinture rouge, pantalon noir à bande rouge bazanné,
képi de dragon, manteau noir, gants de peau de chien.
Harnachement des chasseurs de la garde ; armes : sabre
de cavalerie légère, revolver et carabine Snyder. Notre
armement définitif n'eut lieu qu'au mois de novembre.
Le pantalon garance à bande noire, les manteaux blancs
et les carabines Chassepot nous furent alors délivrés
par le gouvernement.

pour se soustraire à toutes les *embûches* [1]
qu'on lui tendait, s'était réfugié chez moi.
Le 3 septembre à minuit il revint plus sombre
que d'habitude. Il se jeta sur son lit et pleura
amèrement.

— Qui aurait jamais cru cela ! s'écrie-t-il
enfin ; cent mille Français et l'empereur prisonniers ! Quelle honte ! Mac-Mahon tué ! quel
deuil ! Que va faire Paris ? Trochu est-il de
force ? Après tout, l'empereur prisonnier... cela
va peut-être faciliter bien des choses ! Qu'en
dites-vous ?

Je ne sus que répondre.

. . . .

Prenant une résolution subite, il fait donner
l'ordre à ses quarante cavaliers d'être prêts
à monter à cheval dès sept heures du matin.

— S'il y a du grabuge à Paris, je ne veux
pas que mes hommes s'en mêlent. S'il y a
un changement de gouvernement, je veux

---

[1] Neveu de Goudchaux, allié à plusieurs personnages
convaincus de républicanisme, Franchetti porta ombrage
aux « satisfaits » de la régence ; aussi tous les moyens
furent employés pour entraver ses efforts et même pour
nuire à l'organisation de sa troupe.

garder ma liberté d'action. S'il y a émeute, je suis avec les amis de l'ordre.

Le 4 septembre, le petit escadron est à cheval dès sept heures, et manœuvre au bois de Boulogne, pendant que l'empire s'écroule.

A deux heures, nous rentrons à Paris, où nous sommes salués dès l'avenue de Neuilly par le cri de : Vive la République !

Sur l'ordre formel du commandant, personne ne répond aux manifestations et le « silence dans les rangs » est scrupuleusement gardé.

Le commandant me demande aussitôt de l'accompagner au Louvre et nous quittons l'escadron à la hauteur du rond-point des Champs-Elysées.

— Je vous amène deux pelotons, dit Franchetti au gouverneur...

— Suis-je donc encore gouverneur? lui répond Trochu.

Ni Léon Franchetti ni moi, nous ne connaissions les événements. Les Champs-Elysées, la place de la Concorde et la rue de Rivoli avaient leur physionomie habituelle au moment où nous les avions traversés pour gagner le Louvre...

C'est à l'état-major que l'on nous apprit l'envahissement du Corps législatif et le départ précipité de presque tous les fonctionnaires de l'empire...

Peu de temps avant notre visite au général Trochu, M. Gabriel Benoît-Champy ayant pénétré aux Tuileries, proposait à la régente l'escorte des *Eclaireurs à cheval*.

Très touchée de cette démarche, l'impératrice parut disposée à consentir.

— Vous seriez les volontaires du malheur, dit-elle, en entrant dans le salon où se tint un conseil *in extremis*.

Il n'y avait là que la princesse d'Essling, grande maîtresse, Mme Lebreton, lectrice, le grand aumônier du palais, l'amiral Jurien de la Gravière, MM. de Metternich, Nigra et Léon Chevreau...

Déjà les cris hostiles du « peuple » retentissaient dans les Tuileries.

— Il faut partir, dit simplement la régente... mais dois-je accepter la protection d'une escorte qui m'est généreusement offerte par des volontaires parisiens ?

M. Léon Chevreau, le seul ministre à son poste, insista pour que le départ de l'impératrice eût lieu sur-le-champ et *incognito*.

On sait le reste.

Tandis que, par un temps radieux, la régente, au bras de M. Chevreau et sous la protection des deux ambassadeurs, se réfugiait chez son dentiste.... le gouverneur de Paris rentré au Louvre y attendait un successeur.

Nous étions, Franchetti et moi, dans le salon réservé aux officiers. Notre commandant semblait désespéré. En effet, il avait triomphé de tous les obstacles, et au moment où il venait offrir au gouvernement cinquante cavaliers bien équipés, tout se détraquait à la fois !

Vers quatre heures, plusieurs *messieurs* se présentent chez le gouverneur; parmi eux, je remarque les députés Glais-Bizoin, Pelletan, Wilson...;

— V'là le nouveau gouvernement qui passe, me dit Franchetti à l'oreille, en me donnant l'ordre de courir jusqu'au quartier, afin d'y consigner les éclaireurs.

Notre commandant se joint au groupe des

nouveaux venus, avec lesquels il est admis chez le gouverneur.

Je le vois encore, entrant seul en uniforme, au milieu de cette troupe de politiciens qui venaient endoctriner le seul général capable en ce jour de maintenir l'armée et de rassurer la population.

Il est de fait que si ce général, plaçant ses scrupules avant son patriotisme, avait dit *non*, la situation eût été des plus dangereuses.

Vers huit heures, Léon Franchetti revint à notre quartier. Il était rayonnant de joie.

— Enfin! s'écrie-t-il sans descendre de cheval, nous avons un ordre de service!

Les trois appels sont sonnés. On forme le cercle, le commandant des éclaireurs, après un speech patriotique, tant soit peu panaché de ses jurons familiers, — jurons d'Afrique qui exercèrent toujours un réel prestige sur sa troupe, — nous lut l'ordre suivant :

ORDRE

4 septembre 1870.

Le commandant Franchetti est requis d'envoyer

ses cavaliers à l'Hôtel de Ville, dégarni de troupe, et d'y laisser un piquet en permanence.

Signé : PELLETAN.

A vrai dire, cet ordre fut très froidement reçu par l'escadron. Nos camarades s'étaient engagés pour courir sus aux uhlans... et on les envoyait à la garde d'un gouvernement de hasard. Franchetti, qui était très fin, réunit le conseil du corps, et choisit avec soin parmi ses éclaireurs ceux sur lesquels il pouvait absolument compter. Il désigna les dix éclaireurs qui devaient prendre le service de piquet à l'Hôtel de Ville : MM. Delamarre (soixante ans), H. Debrousse, de Bédée, de Kergariou, Delahaut, d'Erseville, Lasseron, Franconi, Bobe et Sarran. Il plaça ses cavaliers sous les ordres directs des deux membres du conseil, ayant rang de sous-officiers, MM. Simonne et Rodrigues, et donna pour instructions à tous les autres éclaireurs de se tenir prêts à partir pour Mézières, où la division Vinoy se trouvait en face des Prussiens.

Aussitôt le quartier fut en liesse. Pour ces

braves volontaires, se faire tuer était peu de chose, se battre devenait un plaisir; le plus rude fut toujours la stricte observation de la discipline au casernement.

. . . .

Malgré toutes les précautions prises par le commandant, qui nous avait donné des ordres écrits, malgré la bienveillance des secrétaires du gouvernement avec lesquels nous étions en rapport direct, malgré le zèle de nos cavaliers qui furent, en ces quarante-huit heures de révolution, les seules estafettes [1] qu'on osât employer, malgré le secours d'un détachement de cuirassiers qui nous furent adjoints, nous fûmes débordés dès le troisième jour par les séides des citoyens Flourens, Tibaldi, Millière, Lissagaray, Blanqui et autres exaltés, parmi lesquels Rabuel, se disant commandant de l'Hôtel de Ville.

Témoignant très haut leur vif désir de cul-buter ceux qui le 4 avaient couru plus vite qu'eux, ces énergumènes se montraient déjà

[1] Nous avons expédié plus de deux cents dépêches.

places qu'ils regardaient comme leur ayant été volées. Ces farouches sectaires se savaient soutenus par trois cents mauvais drôles qui, après les avoir escortés jusqu'aux portes, se faufilaient peu à peu dans les salles de l'Hôtel de Ville malgré tous nos efforts.

On ne l'a jamais su, mais le 7 septembre l'occasion était cent fois plus belle pour les futurs communards, qu'elle ne le fut au 31 octobre. Paris était dépourvu de troupes régulières ; la garde nationale, qui devait sauver le gouvernement du 4 Septembre sept semaines plus tard, n'avait à ce jour aucune organisation... Rien ne pouvait donc s'opposer au coup de force de ces socialistes qui, connaissant la situation, tentaient de s'emparer du pouvoir.

Il me sera permis d'ajouter que sans l'impatience de Flourens et la maladresse de Rochefort, le conseil du gouvernement de la Défense était pris comme dans un filet et la Commune substituée à ce conseil, sans que personne ait pu l'empêcher.

Dans sa déposition devant le conseil d'enbien décidés le 7 septembre à s'emparer des quête du 4 Septembre, M. le général Ducrot a déjà donné quelques indications sur cette échauffourée ; il y a joint des incidents qui me sont personnels et qu'il tenait de Léon Franchetti. Sans insister sur la scène qui eut lieu entre Rochefort et nous-même à l'Hôtel de Ville, je crois devoir expliquer l'attitude de ce tribun à mon égard.

Rochefort et son allié Flourens n'avaient pu oublier certains articles que j'avais publiés dans le *Figaro* du 8 février 1870, et dont voici le plus terrible :

VIVE ROCHEFORT

Un de ces derniers matins, l'empereur agacé par tous ces gens qui lui offraient leurs marchandises en criant : « Meilleur et moins cher qu'en face! » l'empereur, disons-nous, prit son parapluie, car le temps menaçait pour lui, et, sous prétexte de se donner un peu de cet exercice que lui recommande Nélaton, partit à pied et s'en fut droit chez Rochefort.

Ayant la légère doutance qu'il devait être consigné à la porte, il prit un petit ton dégagé avec la bonne qui vint lui ouvrir.

— Henri est-il là? dit-il lestement.

Au petit nom, la bonne crut avoir affaire à un intime de son maître, et répondit :

— Il doit être dans la salle des électeurs.

L'empereur y trouva Rochefort assis sur une assiette à soupe. Le député appelle cela se tenir à la disposition de ses électeurs. Pas le plus petit meuble (qu'on se puisse jeter à la tête) ne se voit dans cette salle aux murailles complétement nues, sauf, dans un coin, un mouchoir pendant à une chaîne au-dessous de cette pancarte : MOUCHOIR PUBLIC, on est prié *de ne pas s'y essuyer les mains.*

A l'entrée de l'empereur, Rochefort fit un bond qui tenait du tigre et du caissier. L'indignation le gonfla tellement, qu'il resta en l'air!

La colère le rendait rouge, un enfant l'aurait pris pour un ballon et aurait joué avec.

Le député lâcha d'abord tout ce qu'il avait sur le cœur contre Napoléon III qui ouvrit son parapluie et attendit froidement la fin de l'averse.

Cette expectoration avait dégonflé Rochefort qui redevint flasque et redescendit à terre.

— La ! fit l'empereur, maintenant, mon cher comte, parlons un peu raison.

— Tiens! ça me changera, dit Rochefort avec la joie d'un homme qui retrouve un plaisir dont il a été longtemps privé.

— Écoutez, très cher comte, je suis fatigué de

tous ceux qui, après m'avoir promis monts et merveilles, n'arrivent qu'à donner un coup de fer à un vieux chapeau... Je prends de l'âge ; aussi je veux vivre tranquille et passer la main à mon fils. Comme je vous entends répéter sans cesse que vous avez le peuple avec vous... qu'il n'espère qu'en vous... que vous êtes son Jésus-Christ... un peu crépu par exemple ! je suis venu pour vous dire : J'en ai assez !

— Citoyen Bonaparte, vous auriez dû laisser votre couronne avec votre carte P. P. C., chez mon concierge. J'aurais compris... et j'aurais avisé. Justement je cherche à caser Ernest Blum, un ardent républicain, qui, pour la bonne cause, sacrifierait la tête de Gabrielle...

— Ainsi, vous ne voulez plus de moi... même pour vous mettre au courant du service ?

— Vous ! Oh ! vous êtes trop avarié !

— Souvenez-vous pourtant d'un précepte sage : Guérissez, n'arrachez pas. C'est le cas de l'appliquer...

— Que faire ? dit Rochefort ébranlé en se rongeant les ongles jusqu'à la racine des cheveux.

— Voilà ce que je vous propose, hasarda timidement Napoléon III. Puisque vous connaissez si bien tous les besoins du peuple, venez vous installer aux Tuileries, je vous confierai... l'éducation de mon fils.

— C'est la place de ce bon Frossard que vous
me proposez là?

— Dites plutôt que je vous offre le rôle de Fé-
nelon.

— Eh!!! fit Rochefort, séduit par cet espoir de
s'inscrire dans l'histoire sous le titre de CYGNE DE
CAMBRAI BIS.

— Si, au bout de trois mois, je constate un
mieux sensible dans la situation politique que
vous aurez surveillée de près, alors je vous associe avec mon fils et vous continuez ma maison
sous la raison sociale : Rochefort Ier et Napoléon IV.

— Signeriez-vous tout de suite un petit bout de
traité avec un fort dédit?

— Envoyez votre bonne acheter un timbre...

— Mais alors que deviendrez-vous, vous?

— Moi, je me fais républicain, et je passe mon
temps à aller dans les brasseries débiner Emile
Ollivier.

Rochefort eut un moment d'indignation.

— Quoi? d'impérialiste... car je suppose que
vous devez l'être... d'impérialiste vous vous faites
républicain!!! Quelle apostasie!...

— Ah! cher comte, s'écria l'empereur. Vous me
la faites trop à la Romaine! N'êtes-vous pas aujourd'hui un sincère républicain, vous qui, en 1861,
écriviez à François II assiégé dans Gaëte pour

mettre votre épée... de gentilhomme de robe... au service de la légitimité !

— Tiens ! Vous connaissez donc cette petite histoire ? demanda Rochefort tout guilleret.

— Parbleu ! on promène en Italie votre lettre signée de vos noms et qualités : Comte Henri Rochefort de Luçay...

— Ah ! et quel est l'indiscret qui a parlé ?

— Le duc de San-Césario, celui qui ouvrit alors votre lettre en qualité de secrétaire intime du roi François II.

— Oh ! de ce temps-là j'étais si jeune (une fleur à peine éclose), et je m'ennuyais tellement à mon bureau de l'Hôtel de Ville ! fit Rochefort lestement — j'ai offert mon épée comme j'aurais offert mon grattoir.

— Mais je ne vous reproche nullement d'avoir changé votre fusil d'épaule, très cher comte, seulement vous admettrez bien, qu'après avoir été assez partisan de l'empire, je me plonge aujourd'hui dans le plus bouillant républicanisme — ne fût-ce que pour soulager mes rhumatismes ; il n'y a que les imbéciles qui ne varient jamais, et vous êtes un homme de trop d'esprit pour que je ne prenne pas exemple sur vous.

Rochefort fut touché par ce compliment adressé à cette modestie qu'il possède tellement exagérée, qu'elle lui fait friser les cheveux.

— Allons, dit-il attendri, je pardonne.

— Ainsi vous consentez à venir aux Tuileries ? balbutia l'empereur, ne pouvant croire à tant de bonheur.

— Oui, mais avec un joli traité en poche, — sans cela je me ferais blaguer par Victor Hugo !

— C'est convenu.

Le soir même, Rochefort apportait son sac de nuit au château et couchait dans le lit où Marie-Antoinette avait reposé ses charmes.

Quand il fut question de passer le traité, l'empereur demanda à Rochefort quelles qualités il prendrait dans l'acte.

— Mettez l'homme indispensable de la situation, le maître du peuple... l'idole et l'espoir des masses !

Et comme le notaire allait inscrire ces modestes titres, le peuple, qui avait vu Rochefort entrer la veille au palais, passa sous les fenêtres en criant :

— Vive Flourens !!!

Il paraît que M. Rochefort ne m'avait pas pardonné cette inoffensive fantaisie... En voici la preuve :

Lorsque, le 7 septembre, seul représentant de la force publique, ainsi que veut bien en témoigner M. Jules Simon, je luttais contre les envahisseurs, dans le salon des secrétaires, à l'Hôtel-de-Ville; lorsqu'afin d'en finir avec moi, ces énergumènes eurent signalé à leurs chefs la persistance que mettait un *réac franc-tireur* à les empêcher d'entrer dans la salle qui précédait celle du gouvernement, MM. Flourens et Rochefort demandèrent mon nom. Je dûs le donner à M. Rabuel...

Rochefort vint aussitôt à moi et me reconnut. L'ordre de me *désarmer* et de m'*arrêter* fut immédiatement prescrit...

Prévoyant depuis plusieurs heures ce dont nous étions menacés, j'avais eu le temps d'expédier un billet pressant à mon commandant. Il survint au moment même où ces gens, m'ayant désarmé, allaient me faire un mauvais parti... Léon Franchetti prenant fait et cause pour ses éclaireurs, eût un véritable accès de fureur... Il ne ménagea ni Rochefort, assez faible pour profiter du pouvoir afin d'assouvir une basse vengeance, — ni le gouvernement, assez ridicule pour s'exposer à de tels dangers.

Tandis que les insurgés se retiraient sans

crier gare, Franchetti pénétra dans la salle du conseil, exposa bien haut le dévouement désintéressé de ses volontaires qui, seuls, depuis trois jours et trois nuits, avaient gardé l'Hôtel de Ville, et demanda pour ses cavaliers un service à l'ennemi.

Le général Trochu et MM. de la Défense désavouèrent leur collègue. Ils firent relever les éclaireurs par le bataillon de garde nationale du commandant Koller.

M. Jules Simon m'a fait, depuis, l'honneur de citer la plupart de ces incidents dans son remarquable ouvrage sur le 4 Septembre.

L'ancien collègue de M. Rochefort ne doute pas des intentions que pouvait avoir le président des barricades à l'égard du gouvernement nouvellement établi. Je n'ai pas la même confiance, moi qui ai assisté aux démonstrations non équivoques des frères et amis de M. Rochefort... moi, qu'on a arrêté sur son ordre, sous prétexte que je *gardais* le dit gouvernement !

Le lendemain de cette échauffourée, l'esca-

dron Franchetti, fort de soixante-quinze cavaliers bien montés et équipés, recevait la
mission d'explorer tous les bois des environs
de Paris en quête des éclaireurs ennemis signalés à Maisons-Laffitte...

Curieuse expédition !

Elle a été consignée dans un rapport dont
nous voulons extraire ces passages :

« Partout, écrivait Franchetti au gouverneur, nous avons trouvé les populations affo-
lées de terreur. Dans quelques localités, des
individus ont *usurpé* l'autorité municipale et
en abusent plus ou moins. Quant aux prépa-
ratifs de défense, ils sont nuls et consistent
principalement en dégradations plus nuisi-
bles qu'utiles...

» Hier (le 9 septembre) des détonations successives nous ont appris que les ponts sau-
taient ! Nous avons aussitôt détaché des cavaliers sur le pont de Bezons pour prévenir
de notre arrivée.. le commandant du poste
a prétendu que deux individus, porteurs d'un
ordre du préfet de police, ontpassé en voiture,

avec mission de faire sauter tous les ponts. Plus loin, nous avons rencontré un officier chargé de la mission d'arrêter les porteurs de cet ordre apocryphe... »

Nous ne nous arrêterons pas à ces faits signalés dans les rapports du commandant, faits qu'aucune enquête n'a jamais éclaircis ; mais pour donner une idée du désarroi qui régnait dans notre pauvre France, nous citerons *in extenso* un fragment des curieuses notes prises à Rueil même par le docteur Launay, — encore un volontaire celui-là, qui, malgré toutes les privations, tous les dangers de la première heure jusqu'à la dernière, s'est dévoué aux blessés et aux malades de Rueil.

Qu'on lise ce journal ; il relate simplement les faits ; on pourra juger du courage qu'il a fallu à MM. Launay, Hervet et autres, pour rester au poste d'honneur qu'ils ont volontairement occupé pendant cinq mois !

JOURNAL TENU PAR LE DOCTEUR LAUNAY

MÉDECIN DE L'AMBULANCE DE RUEIL

10 *septembre*. — ... Les armées prussiennes s'avan-
çaient rapidement, précédées d'une réputation de
vandalisme et de barbarie que les récits des journaux entretenaient comme à plaisir.

Les ordres donnés par le gouvernement contri-
buèrent du reste à entretenir l'alarme parmi les
populations. Il fallait, disait-il, faire le vide devant
l'ennemi, abandonner les villages afin d'éviter des
représailles terribles, dans les localités qui fai-
saient la moindre résistance. De là une terreur
profonde...

A Rueil, on voyait tous les jours passer des files
de voitures chargées de meubles, suivies de bes-
tiaux se dirigeant sur Paris. Sauf quelques personnes énergiques, tous les habitants étaient partis
ou se disposaient à partir. La garde nationale
avait pour chef de bataillon M. Darrigade, commandant militaire de la Malmaison. Chaque soir,
les hommes étaient réunis dans la cour de la
mairie et exercés au maniement des armes et à
l'école de peloton. La bonne volonté était grande.
Malheureusement, les marchands de vin, restés
ouverts, servaient de but à beaucoup de *tournées*.
D'ailleurs, à part quelques personnes déterminées,

le conseil municipal avait affiché que Rueil n'était plus en état de résister. Ces affiches furent arrachées, il est vrai, mais on sentait que toute résistance était matériellement impossible. L'ordre arriva de Paris le 11 septembre de faire évacuer par les habitants toutes les communes du département de la Seine...

Le 12 septembre, le tambour de ville annonce qu'à partir du 15 personne ne pourra plus rentrer dans Paris. Grande panique et départ en masse.

Le 13, le génie fait sauter le pont de Bougival et brûle le pont de Chatou.

Le 16, des paysans annoncent que six cents uhlans sont dans les bois de Clamart.

L'ambulance de la mairie est organisée et vingt lits sont prêts.

Le 17, le génie fait sauter le pont d'Argenteuil.

La poste de Rueil s'est repliée sur Paris.

Le 18, la circulation sur le chemin de fer de Saint-Germain est interrompue.

Le commandant passe en revue les gardes nationaux restés à leur poste. Distribution de cartouches.

Le 19, les échos retentissent des coups de canon de Châtillon. Vers quatre heures, une foule de paysans affolés accourent des environs en criant : « Les Prussiens ! les Prussiens! » Quelques gardes nationaux prennent les armes et le capitaine Batifol s'indigne à la pensée « qu'on ne ferait pas de résistance. » Nous allons avec lui sur la route de Paris à Saint-Germain et nous voyons six dragons prussiens arrêtés en face de l'usine de M. Maugest. Ils causent tranquillement avec plusieurs individus, ils se renseignent probablement car ils s'avancent bientôt, deux par deux, mousqueton au poing, précédés d'un officier à barbe blonde. Celui-ci fume un cigare. Ils prennent la direction de Nanterre, sans montrer le moindre souci de la curiosité qu'ils provoquent. Tout à coup la générale se fait entendre dans les rues, nous courons à la mairie; le commandant Darrigade est dans la cour, M. Hervet, qui remplissait les fonctions de maire, distribue les cartouches à tous les gardes nationaux qui accourent. Je remarque un turco et un mobile qui sont là par hasard et prennent des armes et des munitions.

M. Ollivier et plusieurs membres du conseil municipal délibèrent sur la conduite à tenir...

Le commandant divise les gardes en deux pelotons d'environ soixante hommes. Il prend le commandement de l'un et confie au capitaine adjudant-major, M. Lerude, la direction de l'autre. Une serviette blanche est fixée à la baguette d'un fusil. M. Ollivier le prend et en tête du premier peloton il se dirige vers la rue de Maurepas au-devant des dragons prussiens. Le second peloton, M. Lerude en tête, se dirige vers la place de l'Eglise.

J'avais pris place parmi les hommes qui suivent le commandant. Nous nous engageons dans la rue Maurepas, au bas de laquelle les six dragons sont arrêtés sur un rang.

M. Ollivier, porteur de la *serviette parlementaire*, et le commandant s'avancent jusqu'au chef ennemi et engagent avec lui un court dialogue, au moyen d'une vieille femme qui sert d'interprète. L'officier, d'un air ironique, penché sur le cou de son cheval, répond qu'il ne demande rien, qu'il ne veut rien... Les dragons sont immobiles. M. Darrigade donne l'ordre, à voix basse, aux gardes qui sont près de moi, de s'avancer du côté de la route afin de couper, aux Prussiens, le chemin de Bougival. L'ordre s'exécute rapidement, mais au moment où la ligne des gardes déborde les arbres du trottoir, l'officier ennemi, comprenant le danger, se redresse rapidement, pousse un cri et tire son sabre; le dragon, placé à ses côtés, *lâche, en l'air*, un coup de mousqueton, et les voilà, tous les six, qui piquent des deux vers Bougival.

Tous les fusils s'abaissent, les détonations éclatent, M. Ollivier et le commandant Darrigade se penchent de côté, afin d'éviter d'être atteints par leurs hommes. Deux Prussiens tombent, un troisième s'enfuit par l'avenue de Chatou, les trois autres disparaissaient ventre à terre; on voit l'un d'eux chanceler (il mourut le lendemain à l'ambulance de Bougival).

A peine avions-nous eu le temps de nous reconnaître un peu que j'aperçois le turco qui, poussant des cris sauvages, lardait, de coups de baïonnette, le corps d'un des dragons étendu à terre... MM. Hervet, Trumeau, Ollivier, apportent un brancard et nous portons les deux cadavres chez M. Bertin; l'un a eu la tête fracassée, l'autre est percé de part en part.

Nous rentrons ensuite à la mairie, où l'on vient d'apporter un autre dragon prussien; celui-ci est étendu sur un des lits et pousse des cris affreux, il est en proie à une terreur profonde. Il avait la cuisse droite traversée par une balle et une fracture du fémur. Il avait nom: Roseman, Herman, vingt-quatre ans, 14e régiment de dragons. Nous lui posons avec peine, tant il se débat, un appareil provisoire...

Tout Rueil est en émoi. Le commandant Darrigade revient de la Malmaison et annonce que le parc est occupé par l'ennemi. Le commissaire de police prévient que la ville va être cernée et que l'ennemi est en force le long de la Seine. Le conseil municipal décide le *départ en masse* vers Paris. Les armes sont transportées à la caserne de Rueil.

Tout le monde se dispose à partir, sauf les sœurs de la maison des vieillards qui s'obstinent à demeurer bravement; MM. Huet, Darrigade, Besche, Louis, Conor, Bucher, Gass jeune, et moi, nous sommes décidés à rester.

Nous tenons conseil. Il y a, dans la ville, un remue-ménage inusité, les tambours vont de porte en porte et enjoignent à la population d'avoir à se rendre, au plus tôt, place de la Caserne, afin de se diriger cette nuit sur Paris.

Devions-nous partir avec eux?

Cela nous paraît impossible. Il y avait un ennemi blessé à l'ambulance — blessé non transportable — et on devait rester à la mairie pour répondre à l'ennemi qui ne pouvait manquer de s'y présenter.

A partir de neuf heures, de longues files de fuyards passent silencieusement devant la mairie dont les grilles furent fermées. Spectacle lugubre que nous ne pourrons oublier! Les femmes pleuraient, les enfants criaient, on traînait les pauvres malades ou les vieillards infirmes. Je vis un malheureux porté sur les épaules d'un voisin. Je l'arrêtai et le fis recueillir d'urgence à la mairie. Il se nommait Schneider. Sa fille resta également avec nous. Il n'y avait à l'ambulance que le dragon blessé et un garde national contusionné légèrement à la jambe.

Il est une heure et demie du matin. Le défilé sinistre vient de se terminer.

Nous restons debout toute la nuit. On s'attend, à l'arrivée des Prussiens, à de terribles représailles, à un bombardement. Un silence de mort nous environne, troublé de temps en temps par les cris du dragon blessé. Nous pensons que la convention de Genève prescrit à toute ambulance de ne renfermer ni armes ni munitions, et M. Hervet nous affirme qu'une des salles de la mairie contient un dépôt considérable de cartouches. Dans la précipitation du départ, les employés ont emporté ou égaré les clefs.

Gass va quérir un serrurier, qui n'a pas voulu quitter sa mère infirme et est resté ; les portes sont crochetées et nous découvrons bientôt six tonneaux de cartouches que nous emportons sur un haquet par une nuit noire et que nous enfouissons loin de la mairie.

Au retour, nous savons qu'il manque à notre ambulance un drapeau avec la croix de Genève. Immédiatement on se met à l'œuvre ; un drap est découpé en deux ; ma bonne, Marie et la fille de Schneider y appliquent à la hâte une croix découpée dans le rouge d'un drapeau.

Quelle nuit ! Vers six heures, un homme envoyé par le commandant Darrigade, nous apprend que nos malheureux concitoyens n'ont pu rentrer à

Paris et ont dû bivouaquer sur l'avenue de Neuilly
en attendant l'ouverture des portes.

20 septembre. — Nous apprenons que les gardes
de Miramon, Touzez (Joseph), Raon père et fils,
Libaude et Boucher, ont été faits prisonniers par
une autre troupe ennemie près de la carrière
Pitard; le nommé Piatier, qui faisait partie de ce
peloton, a pu s'échapper.

— M. Miramon, dit-il, a reçu un coup de sabre.

Vers deux heures survient M. Momavon, régisseur de la Malmaison. Il nous apprend que les
Prussiens ont placé un poste à la grille du château. Afin de juger par moi-même de l'attitude de
nos ennemis, je me décide à accompagner M. Momavon et je vois bientôt une vingtaine de soldats
près de la maison du concierge. Sept ou huit habi-
itants de Rueil sont là avec des provisions, du
pain, du vin, qu'ils offrent aux Prussiens *afin de
les disposer favorablement...*

Aucun autre incident que l'enterrement des deux
dragons. La nuit se passe calme.

21 septembre. — Vers huit heures, M. Duborgia,
médecin de Bougival, vient à la mairie avec l'ordre
signé d'un colonel prussien d'emmener le dragon
blessé. Ce blessé est notre seule sauvegarde. Nous
répondons que le dragon n'est pas transportable.

Grand rassemblement autour de la mairie. Parmi les six ou sept cents habitants restés quand même, il en est qui sont sans ressources. Ces malheureux forment des groupes, se consultent, s'excitent mutuellement; un jeune écervelé pérore et engage ses concitoyens à faire des perquisitions dans les maisons abandonnées si la municipalité ne vient à leur secours. L'administration se compose alors de MM. Hervet, Besch, Edeline et Boulé.

M. Herbette est venu rejoindre ses concitoyens. On délibère sur le parti à prendre. M. Hervet parvient à calmer les exaltés et promet de faire des distributions aux nécessiteux. On fait comprendre à ceux qui sont allés offrir des provisions à l'ennemi combien leur démarche a été imprudente; on les prévient qu'ils s'exposent à se faire arrêter s'ils renouvellent ces démarches.

De retour chez moi, après trois jours et trois nuits d'anxiété, j'y organise une petite table d'hôte pour M. Hervet, Huet et pour moi-même.

Un rapport officiel publié au *Moniteur* annonce que les Prussiens ont jeté un pont à Bougival et que leurs éclaireurs ont été vus à Rueil et... à Nanterre!!!

L'ennemi n'avait pas dépassé la place de Rueil, et le pont de Bougival ne fut jeté que plusieurs semaines après...

22 septembre. — Une petite reconnaissance [1] de cavaliers français vient jusqu'à la caserne.

23 septembre. — Les francs-tireurs des Ternes, commandés par le lieutenant Giroud, viennent à Rueil et parcourent les environs.

Ils sont allés assez loin, et ils disent avoir vu une femme prévenir les postes prussiens de leur arrivée. On leur dit que la bonne de M. Fruitier est *en communication avec l'ennemi.*

Les chiens errants abandonnés par leurs maîtres sont détruits au moyen de boulettes de strychine.

24 septembre. — Le Valérien tire quelques bordées.

Les francs-tireurs des Ternes échangent quelques coups de fusil avec un poste prussien, près de la maison Lefèvre.

A deux heures, des cavaliers [2] viennent explorer les routes et s'avancent jusqu'à la place de la Caserne.

25 septembre. — A midi, les éclaireurs de Franchetti font une reconnaissance, ils font halte à la

[1] C'étaient Franchetti, Crémieux, Rodrigues, Taconnet, Le Fez, etc.

[2] Les *Éclaireurs de Franchetti.*

caserne, mais l'un d'eux, beau jeune homme a moustache noire [1], descend de cheval et va par la rue de Marly du côté de la Malmaison; à son retour, il dit avoir tué une sentinelle ennemie. Un soldat déserteur [2] qui, depuis le matin avait parcouru la ville, est pris par les éclaireurs qui l'emmènent au Mont-Valérien. Un ballon passe au-dessus de Rueil et laisse tomber des papiers. C'est la relation de l'entrevue de Jules Favre à Ferrière.

Cinq obus lancés du Mont-Valérien vont éclater à Croissy.

.   .   .   .

PENDANT LE SIÉGE DE PARIS...

L'escadron de Franchetti revint à Paris le 12 septembre. Le commandant ne tarda pas à obtenir un casernement digne de ses cavaliers dans les belles écuries de l'Alma, 99, quai d'Orsay, autrefois écuries de l'empereur. On

---

[1] Légère erreur qui est rectifiée par nous plus loin.
[2] Jeune marin arrêté par M. Leroy d'Etioles.

s'y était à peine installé, que l'ordre suivant fut mis au rapport :

GOUVERNEUR DE PARIS   13 septembre 1870.

    CABINET

ORDRE

Le commandant Franchetti sortira par la porte de Charenton avec son escadron d'éclaireurs, passera à Créteil et poussera jusqu'à Boissy-Saint-Léger ; là il avancera avec précaution et cherchera à reconnaître la présence des éclaireurs ennemis.

P. O. Le général chef d'état-major,
SCHMITZ.

Les soixante-dix cavaliers de Franchetti qu'on envoyait ainsi constater à plus de vingt kilomètres, la présence de *quelques* uhlans, ne se doutaient guère qu'à tout au plus mille mètres du fort de Charenton ils allaient rencontrer toute l'armée prussienne et engager la première affaire sous les murs de Paris dans un sanglant combat avec les hussards de la mort.

Les détails de cette affaire où nous avons reçu le baptême du feu méritent d'être notés.

Les voici :

Nous présidions à l'installation des chevaux et à la distribution des fourrages, quand le brigadier trompette sonna au rapport.

Le commandant Franchetti réunit le conseil du corps, composé provisoirement de: MM. Benoît-Champy, Leroy d'Etioles, Joly de Marval, Rodrigues, Debost, Simonne, et Leteinturier. Je demandai la parole et je maintins ma démission que j'avais déjà remise au commandant à la suite de mon altercation avec Rochefort à l'Hôtel-de-Ville.

Franchetti tenait en main l'ordre de marcher à l'ennemi, que le gouverneur de Paris venait de lui transmettre, il était impatient et préoccupé.

— C'est maintenant que les *vrais lapins* sont plus que jamais nécessaires, me dit-il énergiquement, la vie militaire va commencer pour nous, cette vie toute d'abnégation, de résignation; nous allons patauger dans la boue, souffrir la faim, le froid, courir de grands dangers.

Vous venez récemment de prouver un certain sang-froid à l'Hôtel de Ville en observant, malgré tout, la consigne donnée. On vous a rendu justice chez le gouverneur. Oubliez les niaiseries. Rochefort pouvait nous nuire, il a contribué à nous faire obtenir de grandes facilités... D'ailleurs, pour l'instant, il s'agit de mettre les amours-propres dans ses sacoches. Le gouvernement nous reconnaît, nous donne un casernement, des munitions, des vivres de campagne et l'ordre de marcher à l'ennemi. Je viens de recevoir également l'ordre d'incorporer, dans l'escadron, trois chasseurs d'Afrique, dont un brigadier, échappé de Sédan. Il faut compléter, dès ce soir, les cadres de sous-officiers, former trois pelotons, désigner les postes de police, la garde et le piquet d'attente.

Après une longue délibération, on arrêta les nominations suivantes:

Maréchaux de logis: MM. Lacombe, Portet, Susini, anciens sous-officiers.

Brigadiers: MM. de Kergariou, de Beckman, Paillard, de La Barthe.

M. Matère, brigadier au 1er chasseurs d'Afrique, fut admis avec son grade au premier peloton.

M. Carriès, fut chargé de la maréchalerie.

M. Brunard, maréchal des logis chef.

M. Lefez, brigadier-fourrier.

Enfin, au moment de lever la séance, Franchetti nous communiqua une lettre de Rochefort [1] nommant au grade de *sous-lieutenant* notre camarade et ami Simonne.

M. Leteinturier, étant fait sous-préfet, nous annonça son départ pour la province.

Le conseil fut levé, l'escadron formé en cercle, et Franchetti, avec un tact et une hardiesse incomparables, annonça toutes les nominations, puis :

— Messieurs, il s'agit d'affaires plus graves. Demain l'escadron rompra à huit heures; que *ceux qui, pour des raisons de famille, de santé ou autres,* ne sont pas sûrs d'eux, aillent trouver le major, on les exemptera de la marche pé-

---

[1] M. Simonne avait rendu autrefois quelques services à Rochefort et n'avait jamais partagé aucune de ses opinions.

nible et périlleuse que nous devons entreprendre. L'intérêt de tous exige un grand sang-froid, et il y a plus de courage à prévenir la moindre faiblesse qu'à s'y exposer légèrement en risquant de compromettre, par inexpérience ou lassitude, la première mission que le gouvernement nous confie...

Personne ne parut sourciller.

Pendant la soirée, il y eut une seconde réunion du conseil. Franchetti était fort préoccupé d'une question qu'il voulait poser au gouverneur de Paris: « Que devait-il faire à l'égard de ses éclaireurs qui commettraient des délits militaires graves? » Nous allions nous trouver en face de l'ennemi; le moindre cas de faiblesse ou d'insubordination pouvait compromettre notre mission et déshonorer notre corps.

On décida que le commandant irait soumettre ces questions au gouverneur. Franchetti se rendit avec M. de Marval et moi au Louvre. Impossible de pénétrer chez le général qui était au gouvernement; mêmes difficultés pour approcher du général Schmitz, en conférence avec des personnages. Nous allons nous retirer quand un vieil officier supérieur vient à Franchetti, et lui serrant la main :

— Galons de capitaine! lui dit-il. Bravo! *mio caro*.

Cet *ancien* avait commandé en Afrique quand Franchetti y servait. L'occasion était belle : on lui posa la question.

Voici textuellement ce qu'il répondit :

— En temps de siége, on remplace le conseil de guerre par... le révolver; c'est plus vite fini. Le chef de corps a droit de vie et mort...

— Mais s'il n'y a qu'insubordination, révolte?

— Le revolver! toujours le revolver!... Vous sortez de Paris; hors de l'enceinte, vous êtes en campagne, devant l'ennemi. Si un homme bronche, cassez-lui la tête : tous les autres seront doux comme des agneaux!

— Et après, que dire au rapport?

— Tué à l'ennemi; enterré sur le champ de bataille!... Nécessité terrible, mais *nécessité!*...

Le 13 septembre, à l'appel de sept heures, pas un homme ne manqua.

On forma le cercle. Le commandant fit une

brève allocution qui peut se résumer ainsi :
« Vous allez prouver ce que vous pouvez faire.
Aucun de vous n'est obligé de marcher... Vous
êtes venus spontanément me dire : « Me voici. »
La plupart d'entre vous ignorent ce que c'est
que la guerre, qui rime avec misère (*sic*), et où
il faut avoir un moral extraordinaire ! Votre but
n'est pas de combattre : cinquante ou cent cavaliers ne peuvent avoir la prétention de prendre ou de vaincre quoi que ce soit. Vous devez
chercher l'ennemi, reconnaître sa position,
éclairer le pays afin d'instruire l'état-major
général. Observez le plus grand silence dans les
rangs, obéissez aveuglément aux ordres. Que
ceux qui ne sont pas décidés à subir une discipline absolue, renoncent à servir sous mes ordres. Au quartier, je leur donnerai toute autorisation, même celle de quitter le corps... mais
sous les armes et en dehors de l'enceinte je
n'admets pas de réplique, et *je brûle la gueule* à
celui qui désobéirait... »

Ce speech eut un grand succès. J'avais reçu
l'ordre d'observer les *figures* pendant que Franchetti parlait. Plusieurs de nos camarades

avaient des larmes aux yeux, les anciens militaires souriaient; un seul pâlit. Je donnai son nom au commandant ; il fut placé au dernier rang.

Il y eût maniement du sabre, distribution de cartouches, puis paquetage. Une heure fut donnée aux hommes pour déjeuner, puis chacun se hâta de seller, harnacher son cheval.

A 9 heures, le boute-selle n'avait pas fini de sonner que tous étaient prêts à monter à cheval.

— Par quatre en avant... et nous voilà en route.

Nous suivons les quais, les boulevards; nous sortons par la porte de Charenton. Tout à coup, je vois le commandant accourir. Il dit à voix basse au major : « Ça commence bien; il y en a déjà un qui a tourné bride ! »

Cet *un* était celui qui avait pâli...

Il fut exclu du corps.

Vers onze heures, les éclaireurs à cheval traversaient le village de Maisons-Alfort, barricadé et déjà abandonné... On fait halte aux pieds du fort de Charenton.

Pendant le « repos », Franchetti va se faire

reconnaître du commandant et lui demander des renseignements. Un paysan monté sur un joli cheval et se dirigeant vers Villeneuve-Saint-Georges, est arrêté par Chady, notre chasseur d'Afrique, et mené au fort.

Un fourgon d'artillerie, envoyé en reconnaissance, rentre au galop... le commandant, le visage un peu assombri, revient à nous, constate qu'il manque un homme à l'appel, ordonne de charger les mousquetons et les revolvers, et place en avant-garde l'adjudant-major Joly de Marval, les brigadiers de Kergariou et Matère, M. de Bedé et les deux chasseurs d'Afrique Chady et Lambert.

Il leur donne l'ordre de se disperser le long du talus du chemin de Lyon et à travers champs, d'avancer avec précaution en suivant la route de Melun avec deux cents mètres d'avance. J'entends Franchetti dire à l'oreille du major Leroy d'Étioles : « Si nous sommes un peu adroits, nous allons *pincer* quelques uhlans. »

Tandis qu'au mépris des prudentes instructions du commandant, notre avant-garde, trop hardie, s'engage au trot sur la route indiquée, l'escadron, sur deux files, le long des arbres, suit en silence.

Franchetti en avant, sérieux et pâle.

Nous traversons quelques taillis et nous arrivons à environ deux cents pas du carrefour Pompadour, où se croisent quatre routes, quand, tout à fait à gauche, au milieu d'un champ de betteraves, nous voyons un cavalier accourant au galop. C'est le brigadier de Kergariou, il fait des signes de détresse.

— Les dix premiers en avant, en fourrageurs, commande Franchetti. Halte pour l'escadron !

Et nous voilà, avec Franchetti, galopant à travers des betteraves, dans cet ordre: Taconnet, Rodrigues, Debost, Paillard, Couteau, Pilté, Crémieux, Guérin, Soup, Robert.

Kergariou, ruisselant de sang, avec une balafre en plein visage, nous crie :

— Marval est tué, Bédé démonté, les chasseurs d'Afrique se battent avec une troupe de uhlans.

Nous sommes un peu exaltés par ces nouvelles. Le commandant, sans sourciller, donne l'ordre à de Kergariou de quérir le major Leroy d'Etioles, et de prévenir le capitaine Benoît-Champy.

— Mes amis, s'écrie-t-il, quand nous devrions y laisser notre peau, il faut aller chercher le corps de notre adjudant. Du calme, et surtout que personne ne me dépasse... En avant! galop de charge!...

Nous voici, ventre à terre, dans ce champ de betteraves, franchissant les fossés, et bientôt en vue d'un peloton de hussards bleus qui tiraille sur nos camarades. De Bédé est adossé à un bois, il a mis pied à terre et tire sans relâche; les deux chasseurs d'Afrique sont à cheval et font feu sur l'ennemi; quant au brigadier Matère, démonté, il aide M. de Marval à se relever. Le major Leroy d'Etioles constate que M. de Marval n'a reçu qu'une forte contusion au crâne, notre adjudant est hissé sur le cheval Isabelle du major; M. Couteau met pied à terre, donne sa monture à M. Leroy d'Etioles et nous continuons à tirailler. Quelques armes sont ramassées sur la route.

Franchetti félicite de Bédé et se dispose à marcher en avant, quand, vers la gauche, une forte colonne ennemie est signalée.

Il faut se replier *au pas* en ramenant nos blessés jusqu'à notre troupe de soutien.

Pendant ce petit combat, le major Benoît-Champy avait disposé nos camarades de façon à nous soutenir et avait dépêché une estafette au fort. Une compagnie du génie marcha également à notre secours.

Voici l'ordre dans lequel nos camarades étaient placés sur la route et abrités derrière leurs chevaux, mousqueton chargé et armé : MM. Philipini, Champlouvier, Lavril, Paret, Grimont, Bobe, Cotrel, Lefèvre, Carries, Sirot, de Marsy, de Matignon, Cavaillou, de Mayréna, de Beckman, Champeaux, Fournier, Dupré, Flamand, d'Arbaud, Delahaut, sous le commandement de MM. Benoît-Champy et Simonne ; le long du chemin de fer, en vedette, MM. Susini, Soupplet, Sarran, etc.

L'ennemi s'avançant à notre poursuite, s'était défilé le long des talus. Il fut tenu en respect par nos camarades, et de sages dispositions nous permirent de ramener tout notre monde, blessés et démontés, sans autre combat. Un artilleur fut seul atteint à la tête par une balle ennemie.

On requit une charrette, et, blessés en tête de l'escadron, on reprit le chemin de Paris.

Le sous-lieutenant Simonne fut expédié au gouverneur de Paris, porteur de la dépêche suivante, écrite au crayon par Franchetti :

Maisons-Alfort, 14 septembre 1870,
quatre heures soir.

Mon général,

En sortant de Maisons-Alfort, des paysans m'ont prévenu que les avant-gardes ennemies étaient à quelques pas, au carré de Pompadour. Mon avant-garde, de cinq cavaliers, a rencontré une troupe de huit hussards bleus, les a chargés et fait tourner bride. A ce moment d'autres cavaliers prussiens sont arrivés ; un combat s'est engagé ; deux de mes cavaliers ont été démontés, un autre, M. de Kergariou, a été sabré, et mon adjudant, M. de Marval, après avoir eu son cheval tué, est resté évanoui dans un fossé. J'ai été relever nos blessés, et j'ai dû me hâter, car l'avant-garde de l'armée prussienne paraissait et j'ai été forcé de battre en retraite sous le feu de l'ennemi, en emportant les blessés en croupe.

J'ai rapporté les armes des trois cavaliers ennemis que nous avons tués.

Je crois pouvoir affirmer qu'un corps considérable, venant de Villeneuve-Saint-Georges, marche sur Choisy-le-Roi et sur Châtillon.

Signé : FRANCHETTI.

On fit halte à Vincennes, puis nous nous dirigeâmes par les quais et les boulevards, où notre rentrée à Paris fut triomphale! M. de Kergariou, malgré l'estafilade sanglante qui lui traversait le visage, voulut revenir à cheval. Il contribua certainement au succès qu'on nous fit. Les deux chasseurs d'Afrique, accroupis sur le même cheval arabe, obtinrent également un vif succès. Sur les boulevards, une haie serrée battit des mains à notre passage. Un garde national vint offrir un gros bouquet à de Kergariou.

A notre arrivée au quartier, sur l'ordre du chef de corps, le poste nous rendit les honneurs et Franchetti nous félicita de notre bonne tenue, M. de Kergariou fut nommé maréchal des logis, MM. de Bedé, Couteau et de Marval, cités à l'ordre.

Nous avions reçu le baptême du feu.

Le lendemain, nous recevions celui des journaux, à la grande colère du commandant. J'eus personnellement une vive discussion avec lui au sujet des articles *ridicules* qui parurent. Il ne pouvait comprendre que la presse ne fût pas *muselée*, il voulait rectifier les erreurs, écrire, démentir les bulletins fantaisistes. On parvint enfin à le convaincre que le silence était plus digne et plus commode.

Nous fûmes amplement récompensés d'avoir fait *proprement* notre devoir. Il y eut affluence d'engagements ; MM. Gustave Fould, Cabany, Tollu, Marchand, Coignet, Lefèvre, Lecoutre, Lévy, Dupré, Rostang, Brinquant, de Beauvais, de La Rochefoucauld, Larsonnier, Marienval, de Bussière, Joannès, de Versepuy, Schneider de Bully, etc..., et beaucoup d'autres jeunes gens de bonne famille furent admis au corps.

Le lendemain, le général Ducrot arrivait à Paris et prenait le commandement supérieur des troupes. Il était au Louvre quand Franchetti vint faire un rapport verbal. Il eut un long

8.

entretien avec notre commandant. Le général Ducrot ne partageait pas l'opinion de ses collègues à l'égard des troupes de partisans.

La plupart des officiers ne dissimulaient pas leur étonnement, leurs railleries méprisantes, au sujet des éclaireurs ou francs-tireurs! Ils ne permettaient guère à des volontaires plus ou moins *pékins* d'essayer la résistance, quand eux, dont c'était le métier, n'avaient réussi qu'à se faire prendre ou battre! Ils n'admettaient pas que des *civils* prétendissent défendre Paris, qu'eux, militaires, déclaraient *indéfendable!!!* Et, enfin, ils haussaient les épaules en voyant des capitaines improvisés, comme MM. de Vertus, Franchetti, Jouvencel et autres patriotes, n'ayant passé, ni par les écoles, ni par les dépôts, et exerçant des commandements!

— Je verrai vos hommes à l'œuvre, dit le général Ducrot, qui cita à ses officiers, un peu surpris, cette maxime du général Gouvion Saint-Cyr : « L'idée de résister à une invasion au moyen de l'armée permanente seule (et vous savez ce qu'il en reste), sans y faire participer la population, serait, pour un pays comme le nôtre, une faute grave et un manque de confiance envers la nation. »

On voit que ce général, très hostile à l'idée d'une levée en masse, très méfiant de ce qu'il appelait « la milice nationale », comprenait l'incontestable utilité des troupes franches, et se souvenait que les armées régulières avaient toujours été surprises, tournées ou battues, faute d'éclaireurs hardis et bons cavaliers.

Le soir même, l'escadron des volontaires à cheval fut incorporé dans le 14e corps et reçut l'ordre suivant:

ORDRE

L'escadron Franchetti fournira chaque matin un peloton qui prendra les ordres du général Ducrot à la porte Maillot et opérera une reconnaissance sur les points qui lui seront désignés en avant des grand'gardes de l'armée.

P. O. *Le général, chef d'état-major général,*
APPERT.

Le lendemain avait lieu la bataille de Châtillon!

Démoralisées par nos défaites successives, les troupes régulières — zouaves de marche, lignards de dépôt ou mobiles peu aguerris — lâchèrent pied à la première bombe ! Toute l'aile gauche, prise de panique, se replia en désordre sur la ville pendant que les bataillons de mobiles de la Seine et de Seine-et-Marne tenaient ferme à droite pour soutenir notre artillerie qui combattit jusqu'à l'entier épuisement des munitions !

L'armée du prince de Prusse continua victorieusement sa marche sur Versailles, et pendant ce temps l'armée saxonne, tournant Paris par Pontoise, enveloppait sans coup férir la grande ville dans un immense cercle de baïonnettes !

Le 19 septembre, le commandant Franchetti avait reçu l'ordre de se tenir à la disposition du général Ducrot et de se porter vers Saint-Denis. Dès neuf heures, nous étions au poste indiqué. Durant toute la matinée nous avions entendu le canon. Nos camarades brûlaient d'impatience, ils ne comprenaient pas qu'il y eût bataille sans qu'ils y fussent...

Il fallut *leur expliquer le plan* de nos généraux... Ce plan consistait à tenter d'arrêter
l'ennemi au passage de la Seine, puis de traverser Paris avec les troupes en réserve afin de
se jeter sur les Saxons signalés entre Saint-
Denis et Pontoise.

Vers une heure, un officier d'état-major
vient nous donner l'ordre de rentrer au quartier, l'attaque projetée du côté de Saint-Denis
étant *remise au lendemain !*

Cette rentrée provoqua un vif mécontente-
ment parmi les volontaires de Franchetti. On
trouva le commandant *mou*, il fit la sourde
oreille et se contenta de crier de temps en
temps d'une voix stridente : « Silence dans les
rangs. »

Les anciens soldats étaient les plus tapa-
geurs, pleins de confiance en eux mêmes, ils
attendaient une entreprise aventureuse pour
déployer à nos yeux leur prétendue supériorité.
Les autres demandaient à se battre pour se
donner un renom de bravoure — renom que
notre petit combat de Pompadour ne justifiait
en aucune façon.

— On devrait *aller au champ de bataille,* ne fût-ce que pour ramener quelques prisonniers !!!

— Une charge nocturne, tomber à l'improviste sur nos vainqueurs !!! leur prendre un canon !!!

On n'entendait que ces billevesées dans tous les rangs.

MM. Benoît-Champy et Lacombe prirent le commandement de l'escadron tandis que notre chef de corps se rendait au Louvre. Ces messieurs n'avaient pas le prestige de Franchetti, ils eurent beaucoup de peine à calmer l'impatience de nos camarades. Les éclaireurs, en général n'avaient pas pour les officiers et sous-officiers la déférence due à des supérieurs.

En arrivant place de la Madeleine, on sentit qu'il se passait quelque chose de grave. Le canon tonnait du côté de Montrouge. La ville *avait un air.*

Au cours la Reine, les cuirassiers, cent-gardes et carabiniers, chevaux au piquet, bivouaquaient sur les chaussées. On leur demande des nouvelles.

— Nous sommes restés six heures à cheval près de Clamart, nous dit un brigadier, ça chauffait trop, nous avons eu plusieurs chevaux atteints, *ça embêtait* le commandant, on nous a fait rentrer ici où nous ne sommes pas à l'aise !

— Mais enfin *ça* allait-il bien pour nous ? demanda le maréchal des logis Taconnet...

— Ça va toujours bien, quand il y a de la paille pour les poulets d'Inde et des tournées pour les amis !!!

Au quartier, les nouvelles furent plus précises... les parents, les amis nous attendaient avec anxiété. On pensait que nous avions donné...

L'ordre de rester consignés au quartier contribua de nouveau à mécontenter les éclaireurs...

Je fus chargé d'aller prévenir le commandant des dispositions peu satisfaisantes de nos braves camarades. Je ne le trouvai pas au Louvre, il avait voulu rejoindre Ducrot; je m'engageai dans les rues avoisinantes, *déjà inondées de fuyards* que la foule entourait. A les entendre, ils avaient supporté un choc épouvantable, toute l'armée de Ducrot était *exterminée*, les Prussiens avaient pris Vanves, Montrouge...

Je vis un groupe d'officiers de ligne assis sur le trottoir, ils avaient l'air profondément malheureux.

— Pouvez-vous me donner quelques nouvelles du général Ducrot?

Ils haussaient les épaules.

— Enfin, qu'y a-t-il donc? m'écriai-je.

Des soldats d'infanterie, des zouaves, sans armes ou dans une tenue débraillée, débandés, ivres ou affolés, passaient en criant : Trahison!

— Voilà ce qui reste de l'armée française, me dit un des officiers.

Plus loin, je rencontrai le commandant Lunel, de l'état-major du gouverneur, il me dit textuellement : « Je crois que Ducrot est au Champ de Mars avec Renault, cependant vous aurez des renseignements plus sûrs à la porte Maillot...

— Ça va donc très mal?...

— Euh, euh! pourvu que les Prussiens n'entrent pas ce soir à Paris...

Je revins, bride abattue, au quartier où je dévoilai un peu trop ouvertement ces fâcheuses nouvelles, et où, naturellement, je fus très mal reçu. On me reprocha, plus tard, mon émotion et ma franchise, j'avoue qu'il était au-dessus de mes forces de rester calme et froid devant une telle catastrophe. D'ailleurs, le commandant rentra vers neuf heures, en jurant comme un diable après tout le monde... Mais lui était le chef! le chef responsable.

Il donna l'ordre à tous les éclaireurs de rester au quartier, et d'y passer la nuit en armes, chevaux sellés et bridés.

Le conseil fut convoqué. Je reçus un blâme; il paraît que mon émotion et mes nouvelles avaient ranimé les démonstrations d'indiscipline!

Franchetti, qui était *rageur*, mais juste, ne voulut pas permettre qu'on insistât.

— Fichtre, il est permis d'être troublé en pareille situation, dit-il aux militaires qui voulaient me mettre sur le dos *tout le paquet.*

Demain, la nuit aura porté conseil. Je vais réunir tous ces enragés, et j'ai dans ma poche de quoi les satisfaire.

En effet, à l'appel de sept heures, le commandant fit mettre au rapport les instructions les plus sévères.

Quand le brigadier-fourrier Le Fez eut terminé la lecture du rapport :

— Ah ça ! mes *bougres*, s'écria Franchetti, est-ce que vous voulez tous être colonels ? Dites-le tout de suite, parce que je ne veux pas que le désordre continue. N'imitez pas tous ces francs-tireurs de quatre sous (*sic*), qu'on va bientôt licencier, à cause de leur indiscipline. Vous êtes admirables devant l'ennemi, mais c'est ce qu'il y a de plus facile pour des gens braves et déterminés. S'il ne s'agissait que de charger des uhlans, vous n'auriez pas besoin de chefs... En un mot, je vous préviens que le premier qui se permettra une réflexion sera exclu du corps. Je répète à ceux qui ne se sentent pas capables de fermeté dans la discipline, que les rangs de la *garde nationale à cheval* leur sont ouverts ! Nous ne sommes pas une bande armée, entendez-vous ! (Il ne put s'empêcher de sourire, car personne ne bronchait.) J'ai obtenu pour vous un poste d'honneur, soyez en dignes ! Vous allez, dans une heure, éclairer une reconnaissance du général en chef, *astiquez-vous*, de façon que l'on dise : Ce ne sont pas des gardes nationaux ! On rompra à neuf heures. Il y aura demain grande revue passée par le général Trochu.

Ces quelques mots, entremêlés de jurons énergiques, que je n'oserais pas répéter, suffirent pour rétablir le calme dans nos esprits.

A dix heures, les quatre-vingts éclaireurs étaient rangés en bataille devant le restaurant Gillet, porte Maillot, quartier général des 13ᵉ et 14ᵉ corps.

Dès que le commandant fut annoncé, le général le fit entrer, le présenta à tout son état-major comme chef des éclaireurs et l'invita à prendre place à la table servie dans la grande salle du restaurant.

— Nous allons voir ce qui se passe à Rueil, dit Ducrot, j'irai vous rejoindre, le capitaine de Louvencourt va faire cette reconnaissance avec vous. Soyez prudents, les rapports secrets indiquent l'arrivée de l'ennemi dans la presqu'île de Gennevilliers.

Au retour de cette reconnaissance, le commandant remit au général Ducrot le rapport suivant :

Mon général,

Suivant vos ordres, j'ai battu aujourd'hui la presqu'île de Gennevilliers, où je n'ai trouvé aucune trace de Prussiens. Partout les redoutes et les ouvrages sont déserts et sans troupes ; les villages sont abandonnés. Sur l'autre rive, Bezons est rempli de Prussiens. J'ai pu, en dissimulant mes cavaliers derrière les maisons, surprendre une troupe ennemie groupée sur l'autre rive et lui faire subir un feu meurtrier. En revenant le soir par le village de Colombes, le poste qui garde la barricade m'a salué d'une décharge sans crier : « Qui vive ! » et a immédiatement abandonné son poste ; je n'ai pu rattraper les fuyards qu'au pont de Neuilly.

Le rond-point de Courbevoie est faiblement gardé et nos sentinelles avancées ne se tiennent qu'à une distance de cent mètres. Cependant Nanterre n'est point occupé par les Prussiens, qu'on ne voit qu'à Rueil.

Le peloton que j'avais laissé dans ces parages, en rentrant, a été fait prisonnier par la gendarmerie et pris pour des uhlans. La raison donnée est certes flatteuse, car l'officier affirmait qu'il n'y avait pas dans toute l'armée française de cavalerie aussi bien montée.

Signé : FRANCHETTI.

Ces braves gendarmes avaient péché par excès de zèle, le commandant obtint qu'on ne donnerait pas suite à cette affaire, mais les fuyards de la barricade furent sévèrement punis.

Il n'entre pas dans le cadre de cet ouvrage de retracer tous les hauts faits, toutes les misères de l'escadron pendant le siége de Paris. D'ailleurs, ceux de nos lecteurs qui voudraient connaître le journal de nos marches, tenu au jour le jour, le trouveront *in extenso* dans un petit volume publié chez Dentu et intitulé :

Le blocus de Paris

Opérations de la deuxième armée et marches de l'escadron Franchetti.

Cependant, j'ai à cœur de prouver que des hommes déterminés, choisis avec soin et animés d'un bon esprit, avaient pu, en moins d'un mois, rendre de signalés services, et je tiens à citer tous les témoignages honorables qu'ils ont obtenus.

Le 22 septembre, quand notre commandant vint prendre les ordres du général, il fut félicité par tous les officiers de l'état-major. Le capitaine de Louvencourt avait été émerveillé de notre hardiesse et le rapport verbal qu'il fit au général nous valut de bonnes notes.

— Je veux passer ces gaillards-là en revue... en face des avant-postes ennemis, s'écria Ducrot, mais, auparavant, il faut savoir ce qui se passe à Rueil. Choisissez quelques éclaireurs déterminés et envoyez-les à la caserne de Rueil. Pendant ce temps, l'escadron, sous vos ordres, éclairera la reconnaissance que je vais faire dans toute la presqu'île de Gennevilliers. Je passerai ensuite votre troupe en revue aux pieds du Mont-Valérien.

Nous attendions impatiemment, rue de Chartres, près l'avenue de Neuilly. On avait mis pied à terre, on avait donné l'avoine aux chevaux. Le commandant survint.

— Lequel d'entre vous connaît bien Rueil et les propriétés qui l'environnent?

Cinquante *moi* retentirent.

— Toujours trop de zèle, cria Franchetti... Que celui d'entre vous qui connaît *particulièrement* un habitant de Rueil resté à sa demeure, sorte du rang.

Personne n'ayant bougé, le numéro 4 du premier peloton fit trois pas en avant [1].

— Je connais M. Pigny et suis certain qu'il est à Rueil.

Franchetti le prit à part, le fit entrer dans une des villas abandonnées ou du moins inhabitées, et lui dit :

— Mon cher, vous êtes père de famille, il s'agit d'une mission très périlleuse...

— Je la réclame, puisque seul je puis la remplir.

— Qu'est-ce que votre Pigny ?

[1] Ceux que ce récit intéresse reconnaîtront l'éclaireur inscrit au n° 4.

— C'est le régisseur du château de Bois-Préau qui appartient à un de mes parents...

— Ah ! eh bien, choisissez cinq d'entre vos camarades déterminés, et voici ce qu'il s'agit de faire... Vous avez l'ordre de marcher *jusqu'à ce que vous ayez vu par corps* les Prussiens. Vous ne devez revenir qu'après avoir pu constater le numéro que les soldats ennemis ont à leur hausse-col. Obtenez de M. Pigny tous les renseignements possibles et ne dites rien à personne.

Le numéro 4 désigne au commandant MM. Crémieux, Guérin, Delahaut, Le Fez et Gouillard (ce dernier était un piqueur de la vénerie très énergique).

Tandis qu'au rond-point de Courbevoie on faisait halte en attendant le général en chef, le numéro 4 et ses cinq camarades filaient vers Rueil et Bois-Préau.

Voici le rapport détaillé remis au commandant :

COURBEVOIE, NANTERRE ET RUEIL

Courbevoie était désert, les portes des maisons ouvertes, les cours pleines de paille, de meubles abandonnés. Sur la route de Nanterre, deux hommes en blouse marchaient vers nous. On les interpelle :

— D'où venez-vous?

— De Nanterre.

— Les Prussièns y sont-ils?

— Ah! pardienne oui, pour ça ils y sont...

— Sont-ils nombreux?

— Le plus souvent...

— Où allez-vous?

— A Paris, porter ces légumes...

Au coude de la route, une femme poussant un petite voiture à bras pleine d'objets, s'arrête à notre vue et nous fait des signes de détresse... Nous marchons à elle.

— Qui êtes-vous?

— La servante de M. Ollier [1], nous déménageons tout sur Paris.

— Où sont les Prussiens?

---

[1] Nous ne sommes pas sûrs de ce nom.

— Pas loin.

— Tout le monde dit cela, et nous n'en voyons pas.

— Oh! parce qu'ils détalent à mesure que vous avancez. Quand j'étais sur la route, j'en ai vu à droite une cinquantaine qui vous observaient...

Nous continuons notre chemin.

Nanterre était également désert. Pour uniques habitants, des chiens. Un ou deux cabarets étaient seuls entre-bâillés et tenus par de vieilles mégères qui, nous prenant pour l'ennemi, ferment leurs portes et refusent obstinément de nous répondre.

Nous pénétrons dans plusieurs maisons afin de constater que les Prussiens ne sont pas venus et n'ont pu piller. Toutes les pendules étaient à leur place. Pas un être vivant dans cette immense plaine. Quelle désolation!

Aux environs de Rueil, près de la caserne, plusieurs paysans travaillent aux champs. Une usine est ouverte, la cheminée fume.

— Prenez garde, nous crient les habitants, ils sont là, au tournant des omnibus, avant le rond-point des Guides; il y en a d'autres à Monte-Maria (au-dessus de Bois-Préau).

Je conviens avec mes camarades que deux d'entre nous vont se dévouer : l'un ira avec précaution jusqu'à la route de la station et cherchera à reconnaître l'ennemi. Moi je me dirigerai par des sentiers que je connais particulièrement jusque dans Bois-Préau. Les autres attendront derrière l'église. MM. Le Fez et Crémïeux se dirigent à cheval vers la route de Bougival.

Moi, je mets pied à terre et m'engage dans les petites ruelles.

Je parviens au château et j'obtiens de M. Pigny d'utiles indications que je note sur mon carnet.

— J'ai l'ordre de voir l'ennemi, lui dis-je.

— Il y a un poste dans le potager... Mais vous allez faire brûler le château et me faire fusiller.

A ce moment survient le fils de M. Pigny, un ex-zouave.

— Venez avec moi, monsieur, je vais vous les faire voir dans leur embuscade, près de la carrière Pitard.

Nous voilà tous deux escaladant les haies, nous hissant le long des murs, arrivant au sommet de Monte-Maria, nous glissant le long de la Malmaison.

Tout à coup trois détonations se font entendre, et je vois trois grands gaillards à quinze pas de nous. Je distingue le numéro 58, l'uniforme bleu, passe-poil jaune, des Bavarois.

— Pincés, me crie le jeune Pigny.

Nous grimpons sur un mur à la stupéfaction des trois Prussiens, qui restent plantés comme des pieux.

— Filons vite, me dit Pigny, nous sommes chez M. Ollivier.

En effet, un monsieur suivi d'un jeune homme vient à nous, tandis que nous franchissions ses clôtures.

— Malheureux, que faites-vous ici? Vous n'avez pas de retraite possible; il y a un poste en bas sur la route, et vous allez tomber dans une embuscade si vous passez par le haut.

A ce moment, deux coups de feu retentissent près de la route de Bougival...

— Suivez-moi, me crie M. Pigny et, sans avoir le temps de prendre congé, nous détalons par des chemins impossibles et nous rentrons à Rueil.

Mes camarades étaient fort inquiets; je leur contai mon odyssée et j'appris que M. Le Fez avait tué la vedette du tournant de la route. Les détonations que nous avions entendues étaient celles de sa carabine.

Le Numéro 4.

A cinq heures l'escadron est rallié par nos six camarades sur la route de Rueil au Mont-Valérien.

Franchetti est radieux, le numéro 4 lui remet son rapport qu'il donne au général en chef.

— On vous a vu. Toutes les lorgnettes du fort vous ont suivis. Le général va nous passer en revue.

Les trompettes sonnent et le général Ducrot, en tête de tout son état-major, s'avance vers l'escadron aligné. Il y avait là :

Le général Appert, chef d'état-major ;

Le colonel Warney, sous-chef d'état-major ;

Le colonel Maillard, d'artillerie ;

Le capitaine Bossan, d'état-major ;

Le capitaine de Neverlée (tué à Champigny);

Le capitaine Favrot, dragon (prit le commandant des éclaireurs, après Franchetti) ;

Le capitaine de Berthier, dragon (blessé à Champigny) ;

Le capitaine de Chabannes, état-major ;

Le capitaine de Montbrison, dragon (tué à Buzenval) ;

Le capitaine de Gaston, mobile ;

Le lieutenant de Beaulieu, mobile ;

Le maréchal des logis Roth, porte fanion ;

Le docteur Sarrazin, médecin-major de 1re classe ;

Nous étions *en bataille*, sur deux rangs,

présentant les armes. Ducrot s'arrête, et nous saluant :

— *Soldats*, nous dit-il de sa voix mâle, *je viens, du haut du Mont-Valérien, de vous voir à l'œuvre et je reprends bon espoir... Si tous, en France, font leur devoir comme vous, bientôt reviendront des jours meilleurs. Je vous félicite de la bonne tenue de votre troupe, commandant Franchetti !...*

— *Vive le général !* crie l'escadron comme un seul homme.

Le lendemain, au premier appel, on nous apprit que le gouvernement, en considération des services rendus par l'escadron, nous accordait une solde de :

0.67 cent. par homme, par jour ;

0.85   pour les brigadiers ;

1.38   pour les sous-officiers ;

les vivres de campagne et les fourrages.

De tout ce qui précède il peut résulter la conclusion suivante : une troupe de volontaires, recrutée, armée, montée et organisée en quinze jours, venait de faire ce qu'on n'avait osé demander à aucune troupe régulière.

Toutes les reconnaissances dirigées sur la presqu'île de Gennevilliers s'étaient arrêtées aux environs de Courbevoie, en affirmant, sur la foi du premier paysan affolé, que Nanterre et Rueil étaient occupés. L'escadron Franchetti *seul* avait parcouru le pays abandonné depuis Saint-Denis jusqu'à Montretout...

Qu'on vienne donc encore répéter avec MM. Thiers, Palikao, de Moltke et autres militaires que : « les corps de volontaires sont des troupes sur lesquelles on n'a pas d'action et qu'on *n'a pas dans la main.* »

Les *Tirailleurs des Ternes* et les *Eclaireurs Franchetti* n'ont jamais bronché et l'on ne peu pas en dire autant de toutes les troupes !

V

L'HÉROISME DE FRANCHETTI

On a étrangement abusé de l'épithète de
HÉROS depuis nos défaites. L'esprit parisien, si
prompt à la raillerie avec cette souplesse inap-
préciable que nos ennemis traitent de légèreté,
a fini par se lasser et s'est remis à rire de tout
ce qui le fit pleurer. On oublie si vite en
France!

La preuve en est que récemment on a paru
étonné de voir le général Chanzy consacrer
publiquement le souvenir de Franchetti, quand
tous les journaux ont reproduit l'entrefilet que
voici :

Le général Chanzy a écrit la lettre suivante à Mme Franchetti, veuve du commandant mort si glorieusement à Champigny :

« Alger, le 3 mars 1874.

» Madame,

» Le souvenir des dévouements héroïques qui se sont produits pendant la dernière guerre, alors que la France défendait son honneur et son territoire, doit être religieusement conservé, parce qu'il honore le pays, lui rappelle ce qu'est le véritable patriotisme et lui donne espoir pour l'avenir.

» La mort du commandant Franchetti est un de ces dévouements. J'ai été heureux d'honorer sa mémoire en donnant son nom au village qui vient d'être créé à Dra-Remel, dans la subdivision de Mascara, pour recevoir une partie de nos frères d'Alsace et de Lorraine qui ont voulu rester Français.

» Je sais, madame, qu'en vous entretenant de celui que vous pleurez, c'est raviver votre douleur ; mais il y aura un soulagement dans cette pensée que vous n'êtes point seule à ne pas oublier.

» Veuillez agréer, madame, l'expression de mes sentiments les plus respectueux.

» CHANZY. »

Voilà, certes, un bel hommage en des termes élevés et nobles. Cela n'a pas empêché certains « importants » du siége non encore décorés pour « leur belle conduite », de s'écrier : « C'est un héros parce qu'il est mort *avec tant d'autres...*, mais, après tout, nous avons été à Paris trois cent mille héros, etc., etc... »

Il faut donc le dire et le redire bien haut : le nom de Franchetti, son exemple, les services importants qu'il a rendus, la création de son corps d'éclaireurs, tels sont, avant sa mort héroïque, ses véritables titres de gloire.

Deux lettres adressées à Mme veuve Léon Franchetti par le gouverneur de Paris et le général Ducrot, attestent mieux que tout ce que je pourrais dire, la valeur et le patriotique dévouement de notre commandant :

A Madame veuve Léon Franchetti.

Madame,

La haute notoriété acquise parmi nous au commandant Franchetti, la haute estime que lui avaient méritée sa bravoure et son patriotisme,

ont fait de sa mort un deuil public. L'armée de
Paris tout entière s'est associée à notre douleur,
et j'attache du prix à vous transmettre l'expression des sentiments qu'elle a manifestée autour
de cette tombe glorieuse.

Au milieu des épreuves qui accablent le pays et
m'accablent moi-même, je garde au commandant
Franchetti un souvenir fidèle, et je vous prie d'a-
gréer, Madame, l'hommage de mes sympathies les
plus respectueuses.

Signé : Général Trochu.

Paris, le 7 février 1871.

Madame,

Je n'ai pas l'honneur d'être connu de vous, mais
un lien bien puissant nous rapproche.

J'avais une petite place dans le cœur de votre
excellent et généreux mari; je ne l'oublierai
jamais.

Parmi tant de vaillants semés sur le sillon sanglant que j'ai tracé pendant cette terrible lutte,
il n'en est aucun dont le souvenir me soit plus
cher que celui de notre jeune et glorieux Franchetti !

A ce titre, permettez-moi de vous offrir l'expression de ma vive et bien sincère sympathie et de me dire, Madame,

Votre très dévoué et très respectueux serviteur,

Général A. DUCROT.

Paris, 6 février 1871.

Je ne me bornerai pas à ces éclatants témoignages émanant de si haut.

On a pu se rendre compte des efforts persistants, de l'énergie avec laquelle, malgré les ministres, le gouvernement, l'administration militaire, au milieu de l'indifférence publique ou de la désertion générale, il était parvenu à recruter, équiper et armer à ses frais en moins d'un mois, cent volontaires, qui du premier au dernier jour, *ont fait tout ce qu'on leur a demandé!* J'ai à cœur de compléter cette étude en dépeignant mon ancien chef, tel que je l'ai connu ; tant pis pour ceux-là qui trouveront ces souvenirs trop émus, trop sincères, trop chauds de ton à une époque de défaillance où l'on ne sait qu'oublier.

Léon Franchetti était indépendant et fier,

merveilleusement doué, séduisant, extraordinairement actif, beau comme un héros de roman, cavalier incomparable; c'était un homme d'acier, d'une témérité et d'un amour-propre inouïs, d'une intelligence telle, qu'il devinait ce qu'il ne pouvait approfondir.

Les événements, il les avait prévus. Il disait dès le lendemain de Reichshoffen, à ceux qu'effrayaient les aventures que la Régence nous faisait courir :

— On ne prépare bien la guerre qu'en la faisant, l'armée dormait sur ses lauriers... *que tous ceux qui sont valides se lèvent*, l'invasion ne sera plus qu'un mot!

Habitué à juger vite et bien les périls, grâce à un sang-froid inaltérable, il savait trouver les moyens d'en sortir ou d'en tirer les autres. On le verra dans sa conduite au 31 octobre.

Chez lui, l'acte accompagnait toujours la parole. Ainsi, dès les premiers jours de la guerre, il sollicita la périlleuse mission qu'il devait payer de sa vie, avec la même ardeur que d'autres auraient mise à s'en faire dispenser!

Il avait à un tel point l'intuition des choses

militaires que les plus expérimentés généraux baissaient pavillon devant lui.

Dans une réunion d'officiers généraux, au Louvre, il eut un succès énorme et on admira le courage et la vérité de la déclaration qu'il jeta à la tête de plusieurs gros bonnets : on accusait *la fatalité*, de nos défaites.

— N'accusez que notre vanité, notre ignorance et notre présomptueuse légèreté, s'écriat-il. La tactique militaire est une science exacte qui a ses règles fixes et invariables. C'est pour y avoir manqué que les généraux de l'armée du Rhin ont tout compromis... Ces principes, on peut les définir en peu de mots : Tenir ses forces réunies, — n'être vulnérable sur aucun point, — pouvoir se porter rapidement sur les positions stratégiques, — être en communication constante avec ses places de soutien ou de dépôt, — changer à propos sa ligne d'opération. — Alexandre, Annibal, César, Gustave-Adolphe, Turenne, le prince Eugène, Frédéric et Napoléon, dans leurs fameuses campagnes, ont tous manœuvré avec succès d'après ces principes.

Le général Trochu, qui avait été aide de camp
de Bugeaud, trancha la discussion en donnant
gain de cause à Franchetti.

Une autre fois, certain fonctionnaire de l'intendance s'était permis de dire devant Franchetti :

— Qu'on ne me parle pas de *volontaires*... ce
sont tous des *chapardeurs* qui encombrent les
routes... Souvenez-vous qu'en 1792 Dumouriez
a refusé d'employer les *douze cents volontaires*
—pas davantage — que la sainte république lui
avait envoyés, parce qu'ils auraient compromis
la promptitude de ses manœuvres !

— Je ne remonterai pas aux volontaires de
1792 pour vous répondre, s'écria Franchetti,
et je ne touche pas aux légendes glorieuses
de mon pays, mais je vais bien vous surprendre
en vous apprenant que les *premiers zouaves*
furent des volontaires parisiens.

— Ah bah !

— Oui, monsieur, le 1er octobre 1830, le bataillon des *Volontaires de la Charte* fut dirigé
sur l'Afrique et se distingua dans divers combats qu'il eut à soutenir contre une tribu

arabe renommée par ses instincts guerriers. Cette tribu s'appelait *Zouava*. De là, le nom qui resta au bataillon des volontaires parisiens de 1830 ; ce bataillon servit de type aux zouaves !

Puis, revenant à ses chers éclaireurs, Léon Franchetti continua en ces termes : [1]

— Quand des hommes, comme les miens, tous pères de famille, s'équipent volontairement à leurs frais, ne demandent ni solde, ni indemnités, ni récompenses, quand les uns sont confondus dans les rangs comme de simples soldats, ou remplissent auprès des généraux les plus périlleuses fonctions d'état-major, on n'a pas le droit de les appeler des *chapardeurs* !

Le personnage retira le mot.

Dans ses brèves allocutions, entremêlées jurons très grossiers, mais très énergiques, il était parfois d'une éloquence admirable. Je me

[1] Dans nos entretiens du soir, lorsque le commandant Franchetti demeura chez moi, avant de s'installer au quartier de l'Alma, il me confiait tous les incidents de ses journées.

souviens que le premier jour où il y eut une affaire sérieuse, le 21 octobre, quand il nous présenta au colonel Cholleton, du 119ᵉ de marche, que nous devions guider jusqu'à la Jonchère :

— *Mes amis*, nous dit-il, les larmes aux yeux, *je vous recommande à Dieu. Vous êtes, tous les six, des enfants de Paris. Le foyer, la patrie, ne sont pas pour vous une idée abstraite, Paris est derrière vous. Les clochers, les tours, les coupoles, témoins muets de la lutte suprême où se joue la destinée de la France, si vous retournez la tête, si vous êtes frappés, que vos yeux les regardent avant de se lever au ciel ! Là-bas est la cité qui renferme tout ce qui vous est cher.., là haut vous retrouverez tous ceux que vous aimez...*

Il y avait là : Rodrigues, Debost, Paillard, Juif, Delahaut et Sarran. Nous avions reçu la mission de guider la colonne d'attaque commandée par le lieutenant-colonel Cholleton et Franchetti savait que cet officier nous mènerait aussi loin que possible. Pendant ce temps-là, nos camarades, détachés auprès des autres chefs de corps, au centre, à droite et sur les

flancs de l'armée, méritaient avec nous-mêmes
cette mise à l'ordre du jour (1).

*Extrait du rapport militaire du général Ducrot,
en date du 22 octobre 1870, au* JOURNAL OF-
FICIEL.

En terminant, je dois mentionner particulièrement les éclaireurs Franchetti, qui avaient été
placés dans ces différentes colonnes et qui, comme
toujours, se sont montrés aussi dévoués qu'intel-
ligents et intrépides.

Général A. DUCROT.

Durant les mois de septembre et d'octobre,
nous avons occupé la presqu'île de Gennevilliers, d'Argenteuil à Rueil, alors que l'on
n'osait faire avancer aucune troupe régulière,
depuis la panique de Châtillon. Je dois dire que
nos officiers d'état-major n'avaient pas l'ordre

---

1 L'escadron avait déjà mérité pareil honneur le 8 octobre après une reconnaissance moins heureuse, mais
peut-être plus périlleuse.

de dépasser les avant-postes et qu'on ne savait *rien* des mouvements ou des travaux prussiens. Afin d'éviter pour ses cavaliers trop de fatigue ou de périls, et peut-être aussi afin que l'ennemi ne découvrît pas le plan de sortie sur Rouen — plan que notre commandant *avait deviné*, et que, du reste, il fut un des premiers à connaître, Franchetti s'aventurait avec un ou deux cavaliers jusque dans les lignes ennemies. Il emmenait de préférence les chasseurs d'Afrique incorporés à l'escadron, et comme nous nous en plaignions...

— C'est leur métier de se faire tuer ! disait-il avec impatience.

Voilà pourquoi le général Ducrot, un beau matin, lui attacha sur la poitrine la croix de la Légion d'honneur, pour laquelle il avait été porté par le maréchal Baraguey-d'Hilliers en Italie.

Je me souviens d'une scène intime qui nous causa une vive joie à un moment où les cœurs étaient déjà bien serrés.

A la nouvelle de la décoration du commandant, on se cotisa en secret, on fit l'emplette d'une croix en argent, et le 25 octobre, au matin, tout l'escadron, trompettes en tête, commandé par le capitaine Benoît-Champy, vient se ranger devant l'hôtel occupé par Franchetti, à côté de notre quartier.

Le brigadier trompette Malroux — qui devait être colonel sous la Commune — avait composé une originale fanfare dont les accents réveillèrent pour ainsi dire Franchetti, qui, la veille, avait été contusionné légèrement.

L'aubade finie, Franchetti, pâle et souriant, vint au milieu de nous. M. Benoît-Champy lui remit la croix, lui donna l'accolade traditionnelle, et :

Mon commandant, lui dit-il, vous venez d'être décoré, et chacun de nous se sent heureux et fier. Nous sommes heureux, parce que nous vous aimons pour vous et pour les services que vous nous avez rendus. Nous vous devons l'honneur d'avoir livré le premier combat sous Paris; nous vous devons, au milieu de toutes nos douleurs, d'avoir trouvé une consolation suprême dans la conscience du devoir accompli. Nous sommes fiers, enfin, parce que nous sommes soldats, et que le soldat puise dans le sentiment militaire cette conviction, que l'honneur fait à son chef est pour lui-même la plus belle des récompenses.

Commandant, comptez sur votre escadron, au nom duquel je vous embrasse.

Il y eut un hourrah!

Franchetti, qui n'aimait pas ces démonstrations, nous remercia en peu de mots, dont voici les derniers :

— Souvenez-vous que c'est le sang prussien qui l'arrosera !

Le jour même, en arrivant au quartier général, Ducrot dit au commandant Franchetti :

— Tâchez de savoir si la redoute de Montretout est occupée.

Le premier peloton est aussitôt dirigé vers Rueil. Nous faisons halte. Franchetti met pied à terre, demande à un paysan sa blouse et sa casquette, et, malgré notre impatience, il se dirige seul et à pied vers la redoute.

Il y pénètre à notre grand effroi et se met tranquillement à lorgner dans la direction de Saint-Cloud.

Il revient au bout d'une heure et envoie au
Mont-Valérien la dépêche suivante :

Au général Noël, commandant le Mont-Valérien.

30 septembre, quatre heures après-midi.

J'ai pénétré à pied, seul, dans le fort de Montretout. Il n'y a personne. Il y a un petit poste
tout près, mais peu nombreux.

                                        FRANCHETTI.

Les vedettes prussiennes[1] surprises de ce trait
d'audace, ne firent pas feu sur lui !

Le paysan avait voulu suivre, de loin, sa
blouse et celui qui s'en était affublé. Cet exem-

---

[1] Ce ne fut pas la seule fois que les vedettes ennemies
ne firent pas feu sur nous... Vers la fin d'octobre, il y
eut un jour échange de communications par parlementaires. J'eus ainsi l'occasion de demander à un officier
bavarois les motifs de cette consigne :
— Aux postes avancés, me dit-il, on cherche plutôt à
reconnaître le but de vos reconnaissances qu'à tuer un
ou deux cavaliers, surtout depuis que le prince Frédé-
ric-Charles a pu remarquer la hardiesse de vos chasseurs d'Afrique !
Je causai une grande surprise à ce généreux ennemi
en lui apprenant que ceux qu'il prenait pour des chasseurs d'Afrique étaient des volontaires.

ple l'électrisa et il proposa, sur-le-champ, d'aller reconnaître les batteries de La Jonchère. Nous acceptons sa proposition, mais, moins heureux que Franchetti, le bonhomme fut fait prisonnier. A quelques jours de là, il fut conduit à Rueil, où j'eus l'occasion de le revoir. Il nous narra, avec force détails, son odyssée, et si j'en parle à ce jour, c'est parce que ce brave homme assista, entre autres scènes pénibles, à un acte admirable qui doit figurer parmi les dévouements volontaires. Cet acte coûta la vie à un habitant de Bougival, M. François Debergue, fusillé par les Bavarois. Le voici tel que le maire de Rueil a bien voulu me le confirmer:

Les Prussiens avaient établi un télégraphe électrique de Bougival à Versailles. A peine installé, le fil de fer en fut coupé par une main inconnue. Il fut rétabli. Il fut recoupé. Une surveillance fut alors organisée et François Debergue fut arrêté comme auteur de cet acte. Il coupait le fil avec son sécateur. Il comparut devant la commission militaire.

— C'est vous qui avez coupé le télégraphe lui demanda le major prussien.

— Oui, c'est moi, répondit-il.

— Pourquoi avez-vous fait cela ?

— Parce que vous êtes mon ennemi.

— Le ferez-vous encore ?

— Oui.

— Pourquoi ?

— Parce que je suis Français.

Quelques personnes essayèrent de sauver ce vieillard courageux et offrirent une rançon de 10,000 francs.

— Ne donnez rien pour moi, dit François Debergue. Demain, je recommencerais...

Ce vieux patriote, âgé de soixante ans, marcha résolûment à la mort, et fut fusillé en avant de la Malmaison !

L'escadron de Franchetti reçut la mission secrète de surveiller chaque jour les travaux de l'ennemi et de Saint-Denis à Montretout ; nous avons quotidiennement reconnu ces travaux, ce qui permit de construire les redoutes de Charlebourg, de la Maison-Brûlée, et de recueillir tous les fourrages et tous les légumes de la presqu'île de Gennevilliers. Il arrivait souvent des méprises de ces bons gardes nationaux de faction aux remparts. On nous tirait impitoyablement dessus en nous prenant pour les uhlans !

Franchetti profita de ces circonstances pour solliciter, entre autres choses, *ce qu'il considérait comme le plus grand de tous les honneurs :* l'autorisation de remplacer nos pantalons de gardes nationaux par le pantalon garance à filet noir de l'état-major !

La réponse du ministre ne se fit pas attendre :

Commandant,

J'ai reçu votre lettre et j'ai examiné avec la plus sérieuse attention les diverses demandes que vous m'avez adressées.

En principe le pantalon rouge est exclusivement réservé aux troupes régulières, mais en raison des *services particuliers rendus par l'escadron des éclaireurs à cheval de la Seine,* je consens à l'autoriser, par exception, à adopter ce pantalon.

Le Ministre de la guerre,

Général LE FLÔ.

On le voit, Franchetti réussissait toujours, et,

il faut l'avouer, tout le monde l'admirait. Après des journées dans le genre de celles que j'ai racontées, il passait la nuit avec Trochu ou Ducrot et prenait part à tous les conseils importants. De là, il faut le reconnaître, un sentiment de supériorité très naturel, mais qui faillit avoir pour l'escadron de fâcheuses conséquences.

Le capitaine Gabriel Benoit-Champy, qui a également mérité une belle page dans l'œuvre de Franchetti, et je dirai même, sans lequel Franchetti n'aurait peut-être pas réussi, Benoît-Champy donc, nous avait annoncé que son ami, le commandant Pothier, avait réclamé son concours pour l'organisation des mitrailleuses, et qu'il n'avait pu le lui refuser. Nous déplorions cette détermination, car nous savions que si Franchetti était l'âme des éclaireurs, Benoît-Champy en était « la tête » et nous n'avions pas d'autre officier. De là, de vives discussions dans le sein du conseil. Chaque jour, un des pelotons marchait à tour de rôle, Franchetti ne pouvait commander toutes les reconnaissances, il fallut donc procéder à des nominations de sous-lieutenants et jamais on ne put se mettre d'accord. La minorité donna sa démission, mais fut réélue. Léon Franchetti prit alors un parti. Il cassa le conseil et fit les nominations suivantes :

M. Lacombe, sous-lieutenant, 1er peloton ;

M. Portet, sous-lieutenant, 2e peloton ;

M. Susini, sous-lieutenant, 3e peloton ;

M. Fournier, adjudant-major ;

M. Malherbe, maréchal des logis chef.

Ces nominations, imposées par le commandant, furent assez bien accueillies, mais si le major Benoît-Champy avait maintenu sa démission, je sais nombre d'éclaireurs qui se seraient engagés, avec moi-même, parmi les dragons de notre brigade.

L'escadron conserva son excellent major et ne perdit que M. Gustave Fould, un des plus intrépides parmi nos camarades, et M. Crabère, qui, détaché auprès de l'amiral Pothuau, mérita d'être porté pour la croix et mourut avant de l'avoir obtenue.

On a vu quelle activité, quelle énergie, quel courage, quelle habileté, Franchetti savait déployer. Qu'on juge de son sang-froid dans cette odieuse journée du 31 octobre.

Nous venions d'escorter M. Thiers[1] aux avant-postes, mission secrète qu'on n'avait voulu confier qu'à nous, et nous rejoignions nos camarades vers Buzenval.

M. Champeaux, dépêché par le capitaine Benoît-Champy, accourt de Paris et nous apprend les événements de l'Hôtel de Ville : Franchetti crayonne aussitôt la réponse suivante :

Cher ami, votre estafette me trouve près de Montretout; j'arrive au galop, je préviendrai le général en passant et j'irai droit à l'Hôtel de Ville. Je ne m'occupe pas de l'escadron, je me fie à vous pour le trouver à cheval au premier signe. Est-ce bien vrai? La guerre civile et les Prussiens! Je ne puis y croire, je pensais ici à tout autre chose.

FRANCHETTI.

[1] Le brigadier Crémieux, Rodrigues, Guérin, Soup et Delahaut escortent la voiture qui mène M. Thiers au pont de Sèvres. Le général Appert accompagne le négociateur de l'armistice. Quelques coups de feu sont tirés par les vedettes ennemies malgré les drapeaux parlementaires. *(Notes du commandant.)*

Le commandant nous quitte avec M. de Marval, il va prendre les ordres du général Ducrot et se dirige droit sur l'Hôtel de Ville. Aux environs de la tour Saint-Jacques, il est appréhendé par des insurgés qui le somment de crier : *Vive la Commune!*

— Mes amis, faites-moi place, leur dit-il hardiment, j'arrive des avant-postes, j'ai de graves nouvelles à porter au gouvernement.

— Lequel?

— Celui de mon pays.

— La Commune est proclamée.

— Qu'est-ce que cela me fait à moi, c'est la Prusse que je combats, vive le gouvernement de la France!..,

Bref, après avoir parlementé de la sorte, il parvient jusqu'à l'Hôtel de Ville, au lieu de crier : *Vive la Commune!* les braillards l'obligèrent à crier : *A bas l'armistice!* — ce qu'il crut evoir faire afin de traverser les groupes des gardes nationaux ou des tirailleurs de Flourens. Une fois dans l'Hôtel de Ville, d'après ce qu'il m'a conté lui-même, il fut assourdi par les clameurs qui partaient de toutes les salles. Sans un *franc-maçon* qui, en bon frère, lui facilita l'entrée dans la place, en lui remettant un laisser-passer, jamais Franchetti n'aurait pu arriver jusqu'au salon où le gouverneur était retenu prisonnier. Le premier qu'il reconnut fut le colonel Ferry-Pisani.

Profitant d'un mouvement de bousculade, Franchetti remit à M. Ferry-Pisani son laisser-passer. C'est ainsi que le futur chef d'état-major de la garde nationale fut en mesure de s'échapper des mains des insurgés.

Le général Trochu était assis et fumait son cigare à côté de MM. Jules Favre et Jules Ferry. Ils étaient gardés à vue par trois tirailleurs de Flourens ; ces trois insensés criaient de temps en temps : *Vive Flourens!*

Il fut impossible de s'approcher du général Trochu, mais Franchetti put dire au capitaine Bibesco que Ducrot marchait sur l'Hôtel de Ville et c'est par son aide de camp que Trochu apprit cette nouvelle.

— Courez prévenir Picard qui vient de s'enfuir. Evitez à tout prix une intervention de l'armée, c'est à la garde nationale *seule* qu'il appartient de sauver la situation...

Telles furent les propres paroles transmises à Franchetti par l'aide de camp du gouverneur de Paris. Le capitaine Bibesco, debout derrière son général, resta toute la soirée appuyé au dossier de son fauteuil. Dans un des moments les plus critiques, Trochu lui dit :

— *Je puis être l'objet d'outrages, je ne veux pas les subir sous les insignes du commandement.* Et il remit au capitaine Bibesco ses épaulettes, sa plaque de la Légion d'honneur et son képi.

Pendant ce temps, Flourens, monté sur la table, lisait des décrets sans pouvoir se faire entendre et Brunnel présentait aux membres du gouvernement leurs démissions à signer. Ceux-ci se bornaient à le repousser de la main. Il paraît qu'arrivé à M. Jules Ferry, Brunnel, humilié de ses insuccès répétés, crut devoir changer d'attitude.

— Toi, tu vas signer, lui dit-il menaçant, tu ne nous échapperas pas... je te tiens !

— C'est moi qui te tiendrai demain, lui répondit froidement Ferry, car tu seras dans la position où tu voudrais me mettre aujourd'hui.

Néanmoins ces insensés eurent certains égards pour le général Trochu. Son admirable sang-froid et le prestige de l'uniforme leur en imposèrent. Le départ des membres du gouvernement fut plus facile à effectuer que l'on ne supposait. Ils purent se concerter à voix basse et à un signal convenu se lever ensemble, profiter de l'énergique intervention du commandant Ibos, et, au milieu d'un désordre indescriptible se soustraire, sans être l'objet d'aucune violence, aux mains victorieuses des hommes de Flourens.

Quant à Franchetti, il arriva à la porte Maillot au moment ou l'armée de Ducrot marchait sur l'Hôtel de Ville, il transmit les instructions au général qui se contenta de hausser les épaules en disant :

— C'est de la folie !

On fit halte. Ducrot seul avec le capitaine de Bossan et Franchetti se rendirent au Louvre

Ce n'est que fort tard que le capitaine Benoît-Champy reçut la dépêche suivante :

Dix heures du soir.

La garde nationale a délivré le général Trochu ; envoyez-moi un piquet. Ne bougez pas et attendez des ordres, chevaux sellés et bridés.

FRANCHETTI.

Vers minuit, douze éclaireurs, mandés par Franchetti, vinrent au Louvre et servirent d'escorte d'honneur au gouverneur de Paris et au général Ducrot pendant cette revue nocturne, un des faits les plus saisissants, les plus remarquables du siége de Paris. Jamais un général ne fut plus acclamé que Trochu, et cependant, en plusieurs endroits, les cris de : *Vive la Commune!* retentirent sur son passage.

Il faisait une nuit superbe et je dois dire que nos manteaux blancs, dorés par les reflets de la lune, ajoutaient quelque chose de fantastique à cette scène militaire. Quand les généraux passèrent place Vendôme, Franchetti dit à un garde national à cheval, *seul représentant de la milice montée :*

— Où donc est votre cavalerie ?

— Dans son lit ! fit l'autre en souriant.

— Je suis vengé, nous dit alors le commandant, ce sont les éclaireurs à cheval qui escortent le général gouverneur passant en revue la gar-de na-ti-o-na-le. Quand on songe que j'avais voulu encadrer les *lanciers de la place Vendôme* dans notre corps d'éclaireurs !

Franchetti, très rancunier, ne pardonna jamais aux gardes nationaux à cheval de n'avoir pas voulu prendre au sérieux l'appel qu'il avait voulu leur faire...

Nous n'avons pas cru devoir passer sous silence ces paroles pleines d'amertume ; Franchetti ne manquait pas une occasion d'exprimer, devant nous, ses regrets de n'avoir pu utiliser, contre les uhlans, les escadrons de la garde nationale. Il savait tout le parti qu'on aurait pu tirer d'une cavalerie aussi bien montée, composée d'hommes énergiques, mais commandée par un colonel plus brave que résolu. Il déplorait le rôle si effacé des quatre escadrons, avant et pendant le siège de Paris, et, cependant, combien d'individualités se firent volontairement remarquer par leur dévouement ! Nous leur consacrons, dans la suite de cet ouvrage, un chapitre spécial. Bornons-nous à citer ici les noms des plus dignes d'éloges : MM. Vieillard, blessé dans une reconnaissance; Lalanne, fait prisonnier; Crettet de Palluel, cité à l'ordre après le Bourget; Rocher, médaillé pour sa belle conduite à Champigny; Cahen, un des héros du second siége : le vaillant chef d'escadron Durouchoux, victime de son héroïsme, sans oublier M. Grégoire Potocki, mort si malheureusement, et Bonneville de Marsangy qui, avec deux de ses camarades, fut détaché près de l'amiral Fleuriot de Langle au 7ᵉ secteur, et dont le zèle et le dévouement furent appréciés. D'ailleurs, quelques gardes nationaux, déçus du peu de service qu'on leur demandait, vinrent s'engager dans l'escadron des Eclaireurs à cheval avant la sortie sur la Marne et s'y distinguèrent.

Pendant les quinze jours qui précédèrent la sortie de Champigny, le commandant nous tint continuellement en alerte.

Je me souviens que pour « arroser » la médaille militaire qui m'avait été décernée sur la proposition du colonel Cholleton après l'affaire de la Malmaison, j'invitai mes amis à un déjeuner. Par trois fois, au moment de s'attabler, on reçut l'ordre de monter à cheval. Franchetti détestait ces « agapes militaires, » lui qui ne voulait arroser sa croix qu'avec le sang ennemi.

Le 27 novembre, après la revue d'inspection passée par l'intendant, il y eut deux expéditions commandées, la première, sous les ordres de MM. G. Benoît-Champy et Simonne se dirigea vers l'île Marande, où on fit le simulacre de jeter des ponts de bateaux. MM. Rogniat, Paret, Vatel, Bonnet, Roche, Johannès, Lacasse, Leduc, Rivière et Distribué firent partie de cette expédition. Tout le reste de l'escadron, sauf quelques indisponibles malades ou mal montés, fut dirigé sur Nogent.

MM. Jules Bégé, Schneider, Izoard et Lucien Worms furent incorporés au premier peloton. Le beau-frère de Franchetti avait déployé déjà une grande énergie à l'affaire de la Malmaison ; il fut nommé secrétaire et porte-fanion du commandant.

Notre escadron, sous le commandement supérieur du commandant Favrot, chef des éclaireurs du quartier général, avait la place d'honneur, embrigadé avec les dragons et les gendarmes. Notre rôle fut malheureusement sans relief, l'armée n'ayant pu franchir les redoutes de Villiers et de Chennevières. Cependant nous restâmes exposés jusqu'à midi au feu de Petit-Bry et prêts à charger l'ennemi si l'occasion nous en avait été donnée. Je n'ai pas à raconter ici ces batailles, ni même la part personnelle que j'ai pu y prendre : cependant je dois dire que le général de Bellemare a marché au canon malgré les ordres qu'on lui a transmis en ma présence. Si ce général avait pu avoir cette inspiration deux heures plus tôt, Villiers était tourné. On verra plus loin que Franchetti attribuait aussi notre stérile victoire à la défaillance subite des bataillons chargés d'occuper Montmesly et qui se débandèrent aux premiers coups de canon.

Grâce à une bienveillante communication, je suis à même de donner ici quelques détails fort exacts et très intéressants. Ils sont extraits

des notes prises au jour le jour par le commandant Favrot et ils donnent la mesure des
sentiments paternels qu'avait Franchetti pour
ses éclaireurs :

LES ECLAIREURS DU QUARTIER GÉNÉRAL

...Dans le courant de novembre 1870, Franchetti,
causant avec moi, m'avait répété à plusieurs re-
prises qu'il se verrait avec plaisir sous mes ordres, qu'il m'avait vu à l'œuvre, etc. Fort de ces
affirmations, j'allai trouver le général Ducrot peu
de jours avant la fin de ce même mois. Le général
m'ayant dit qu'il voulait me donner le commandement d'un corps peu nombreux, mais essen-
tiellement mobile et destiné à l'éclairer au loin si
l'on perçait les lignes ennemies, je lui demandai de
le constituer sans plus tarder et de la manière suivante : 1º Eclaireurs Franchetti ; 2º un escadron
de gendarmes, ayant pour noyau les quarante
avec lesquels je faisais journellement des reconnaissances en avant des avant-postes ; 3º un escadron de dragons ; 4º deux pièces de 4, avec un
chariot de batterie portant des fusées de signaux,
des sacs de poudre pour faire sauter les ouvrages
en maçonnerie, des clous d'enclouage, etc.; 5º une

section d'hommes du génie commandés par un sergent et montant sur mon matériel roulant.

Le général approuva ma proposition et je reçus le jour même le commandement de ce détachement appelé dès lors : Eclaireurs du grand quartier général de la deuxième armée.

Nous devions marcher toujours à une, deux ou trois journées de marche en avant de cette armée et l'éclairer au loin en couvrant six, huit ou dix lieues de front, occuper par un ou deux cavaliers tous les points importants, villages ou nœuds de route, nous reliant au gros de l'armée par des relais; en un mot, nous comporter de telle sorte que pas un parti ennemi ne pût traverser notre réseau sans que le général en fût aussitôt instruit.

La tentative de trouée n'ayant point abouti, notre zèle s'est trouvé borné à des opérations de peu d'étendue, mais à peu près quotidiennes et souvent importantes. Non-seulement les éclaireurs de la deuxième armée ont été dès lors chaque jour chercher des nouvelles des travaux et des mouvements de l'ennemi jusque dans ses lignes, mais, dans plusieurs combats, ils ont été envoyés au loin en avant de nos troupes pour savoir les points occupés par les Prussiens. Au Bourget, notamment, une reconnaissance composée d'un peloton des « Franchetti » s'est brillamment développé en

éventail en avant de Groslay et a atteint ainsi le
chemin de fer et la ferme de Nonneville, où elle a
été accueillie par une vive fusillade, et, au retour,
saluée par des obus. Prirent part à cette hardie
reconnaissance, qui causa l'étonnement des deux
armées en présence : MM. de Marval, Paillard,
Maunier, Robert, E. Crémieux, Rodrigues, de La
Rochefoucauld, Spenneux, Carries, Grimont, Lecoutre, Soup, Delahaut, Malroux et M. David
Lehmann, seul cavalier d'un peloton de gardes
nationaux venus au Drancy et dont la plupart y
restèrent toute la journée avec le colonel Quiclet.

Commandant FAVROT.

Qu'il me soit permis d'ajouter à ce récit
qu'au retour de cette expédition, je fus témoin
d'un épisode digne d'être noté. Je crois devoir
le détacher de mon journal où je me suis
efforcé de signaler tous les dévouements volontaires.

Sur la gauche du Drancy, tout en avant de
la ferme de Groslay, à six cents mètres environ,
se trouvait une batterie de 4 ; elle était tout à fait
en l'air, ne s'appuyant à rien, et travaillant comme

qui dirait pour son propre compte, sans s'inquiéter du reste. Elle tirait par salve et faisait un feu d'enfer ; les canonniers, protégés par le remblai d'un mètre du chemin de fer de Soissons, manœuvraient sans voir l'ennemi que leur indiquait le capitaine, monté dans la cabane du cantonnier. Pendant deux heures, il resta là n'ayant pour tout instrument qu'une forte lunette.

— Feu ! criait-il de la lucarne dès que ses pièces étaient chargées, puis quinze ou vingt secondes après : Bravo, mes enfants ! bien touché. Chargez !

Les Prussiens n'avaient pas été longtemps à découvrir cet officier et leurs feux s'étaient concentrés sur la cabane autour de laquelle pleuvait une mitraille d'enfer... Enfin, un obus renversa un des murs, et le capitaine, aveuglé, dut quitter la place. On le vit sortir des décombres. appuyé sur sa canne, la seule arme qu'il eût à la main ; j'arrivai à ce moment et je le reconnus. C'était un confrère, Ivan de Wœstyne. Ancien capitaine d'artillerie dans l'armée belge, il s'était *fait naturaliser Français* à l'heure de nos désastres pour mettre ses connaissances et sa bravoure au service de notre pauvre patrie.

Il était alors trois heures de l'après-midi, et les Prussiens, fatigués de la ténacité de cet adversaire, avait mis dix batteries lourdes — c'est leur rapport qui le dit — soit 80 pièces d'artillerie, sur les 6 petites pièces de 4 de Wœstyne ; l'aspect de la batterie était terrible : deux pièces étaient démontées, une autre avait eu ses quatre chevaux tués, les morts étaient nombreux...

— C'est vous, fit Wœstyne en me voyant, avez-vous des journaux de ce matin ?

A ce moment survient le général Ducrot, suivi de son état-major. Il traverse la batterie avec ce calme étrange qui semble n'appartenir qu'à lui, puis tendant la main à Wœstyne :

— Retirez-vous, capitaine, dit-il, allez derrière le chemin du Drancy. Dites à vos hommes que ce sont de braves gens. Vous, donnez-moi la main.

Et le général passa sur ce simple *satisfecit*.

Mais revenons aux notes prises au jour le jour par notre chef de brigade, le commandant Favrot :

Le 30 novembre, à six heures du matin, me conformant aux ordres du général Ducrot, je passai la Marne avec mon détachement à la suite des divisions d'infanterie. Je devais traverser Bry aussitôt que le terrain aurait été déblayé en avant de ce village par la diversion de la division d'Exéa, pousser alors une rapide reconnaissance sur le plateau qui domine la vallée de la Marne et marcher ainsi dans la direction de Champs tant que je ne serais pas arrêté par l'ennemi.

Malheureusement la division d'Exéa n'a pas fait le mouvement ordonné et après avoir attendu avec mon monde dans le chemin creux de Bry, j'ai appris par des éclaireurs que le succès de la journée était très compromis et qu'on craignait une panique vers les ponts, ce qui eût amené un épouvantable désastre. — On disait le général Ducrot tué ou tout au moins disparu, etc. Je fis alors rapprocher mon détachement de la ferme du Tremblay et je donnai l'ordre au lieutenant Fortoul de construire en hâte un épaulement pouvant abriter ses deux pièces en cas où il faudrait protéger la retraite de l'armée. Mes escadrons formés en bataille derrière un rideau d'arbres pourraient ralentir la poursuite par quelques charges bien menées...

Je me rappelai à ce moment ce que m'avait dit Franchetti quand j'avais pris le commandement supérieur de son escadron :

« MES ÉCLAIREURS SONT UNE TROUPE EXCELLENTE, MAIS PARISIENNE, DONT LES INSTINCTS LA PORTENT A LA BRAVOURE INTELLIGENTE ET INDIVIDUELLE. JE VOUS PRIE DE VOUS EN SOUVENIR ET DE NE PAS TRANSFORMER SANS NÉCESSITÉ ABSOLUE

MON BEL ESCADRON EN CHAIR A CANON... IL A DE
GRANDES QUALITÉS QUI LUI APPARTIENNENT EN
PROPRE, MAIS SOUS D'AUTRES COTÉS DE LA VIE
MILITAIRE, BRUTAL ET UN PEU TROP TERRE-A-
TERRE, IL LAISSE NATURELLEMENT A DÉSIRER
BEAUCOUP. SERVONS-NOUS EN DONC SANS RÉSERVE
POUR TOUT SERVICE OU IL EXCELLE. MAIS N'EN
USONS QU'A LA DERNIÈRE EXTRÉMITÉ POUR TOUTE
AVENTURE DÉSESPÉRÉE OU IL NE POURRAIT TROU-
VER QU'UNE DESTRUCTION GLORIEUSE QUI SERAIT
POUR LE PAYS ET POUR PARIS UNE PERTE IRRÉ-
PARABLE. »

Mon parti à l'égard de mes éclaireurs Franchetti
fut donc pris sans hésitation. Je leur donnai l'ordre
de repasser la Marne pour éloigner d'eux les
chances d'une catastrophe que je croyais immi-
nente...

Ces dispositions prises, je me portai de ma personne au plus vite vers le général Ducrot pour lui
rendre compte et prendre ses ordres. Là je rencontrai Franchetti auquel je racontai ce que j'avais
fait pour son escadron. Il me remercia avec effu-
sion...

Il est de fait, que, sans cette prévoyance du
commandant Favrot, notre brigade d'éclaireurs,
engagée sur la route de Bry, eût été absolument

détruite par les feux croisés des redoutes prussiennes. Tous les corps qui se trouvaient à cette place de bataille y furent décimés et, par un hasard fatal, ce fut à quelques pas de l'endroit où nous étions massés le 30 novembre que Léon Franchetti fut blessé à mort deux jours après.

Voici le dernier rapport remis au général par Franchetti sur l'affaire du 30 novembre :

Mon général,

L'escadron, sous les ordres du commandant Favrot, conjointement avec un escadron de dragons et de gendarmes et une demi-section d'artillerie, a traversé la Marne à Nogent, et s'est porté sur Bry-sur-Marne. Vers la fin de la journée, l'escadron s'est replié à la ferme du Tremblay et à Poulangis.

J'ai recueilli des prisonniers des renseignements intéressants que le capitaine Benoît-Champy vous a portés sur le champ de bataille.

Ma bonne étoile me protége toujours, car aucun de mes hommes, soit dans l'escadron, soit dans le détachement qui vous accompagnait, n'a été atteint, bien que les traces des balles soient visibles sur les selles, sur les crosses de fusil, et que plusieurs cavaliers aient eu leurs vêtements traversés ou leurs chevaux blessés.

Je campe ce soir à Nogent.

Signé : FRANCHETTI.

LA BONNE ÉTOILE de Franchetti devait bientôt se lasser.

Après la bataille, j'eus l'honneur d'être désigné [1] pour garder l'état-major général installé à Poulangis, au château Chapsal.

Ducrot était gravement contusionné à la tête, il souffrait d'une bronchite aiguë, néanmoins, il resta toute la nuit sur pieds.

Le lendemain, 2 décembre, vers trois heures, notre commandant fut blessé dans les circonstances suivantes :

La journée du 1er décembre avait été occupée à ramasser les morts, les blessés et à se fortifier dans ses positions. La nuit fut sombre, silencieuse.

[1] Avec MM. Matère, Pilté, Rostang, Lavril et de Grimont.

Avant le jour, une vive fusillade nous surprend à l'extrême gauche. C'est une brusque attaque de l'ennemi, qui enlève nos postes de Bry-sur-Marne et attaque Champigny. Le sergent Hoff est fait prisonnier un des premiers.

La panique est effroyable. Nous sommes tournés. Les généraux Ducrot et Trochu s'élancent en avant, rallient en personne les « fuyards » et, à onze heures, la division Susbielle réoccupe Champigny, pendant que toute l'armée se précipite à la poursuite de l'ennemi.

. . . .

. . . .

Vers trois heures, les munitions commencèrent à manquer. Je suis témoin de plusieurs faits héroïques et douloureux :

Les zouaves du commandant Vitalis se précipitent sur l'ennemi, lui *reprennent* deux canons qu'il emmenait et, poursuivant leur course, culbutent tout jusqu'au plateau de Villiers. Là, ils sont arrêtés par un mur crénelé où l'ennemi s'est réfugié.

Impossible d'avancer... Je vois des braves zouaves arracher des meurtrières les canons des fusils allemands, et un vieux sergent s'écrie :

— Nous ne sommes pas des *acrobates*, mon commandant ; nous ne pouvons pas escalader ce mur... Une brèche, une brèche !

Un officier de la garde nationale, M. Egly, je

crois, se trouve là, on le prie d'aller chercher des canons... Moi-même je cours annoncer la prise du plateau et, sur la route, je croise la civière sur laquelle est étendu mon commandant Franchetti.

Il était trois heures, quelques éclaireurs escortent notre commandant... Malgré sa terrible blessure, il est *souriant*, il croit la trouée faite, l'ennemi en déroute...

Voici dans quelles circonstances Franchetti a été tué :

Vers trois heures, le général Ducrot, toujours en première ligne, avec son état-major et les éclaireurs commandés par Franchetti, donne l'ordre de faire avancer les réserves de munitions : les soldats sont sans cartouches et les caissons d'artillerie vides. Quelques-uns de nos camarades, parmi lesquels se sont distingués MM. Brinquant, Sirot, Grimaud, Soup, Fontana, Chatelain, Couteau, etc..., s'élancent dans la direction indiquée avec mission de ramener les caissons d'artillerie et les cartouches.

Ducrot est impatient : il voit déjà quelques hommes se replier en criant : « Des cartouches! des cartouches! »

Franchetti, monté sur un arabe gris pommelé, franchit le talus et cherche du regard ses éclaireurs...

— Les voilà qui reviennent! s'écrie-t-il; voici les munitions...

A ce moment, il est atteint au côté d'un éclat d'obus... Il reste à cheval, donne à nos camarades l'ordre de mettre pied à terre et de distribuer les munitions aux tirailleurs.

Tout à coup, Franchetti pâlit, et son cheval, grièvement blessé, refuse d'avancer. Le commandant est tellement crispé sur sa selle qu'il ne peut descendre. On l'enlève et on l'étend à terre.

Les généraux Ducrot et Trochu viennent lui serrer la main, essayant d'adoucir ses souffrances par d'énergiques consolations. Le général Trochu lui remet une *rose* cueillie sur le champ de bataille, et Franchetti, après un dernier regard donné à ses *chers éclaireurs*, est transporté à l'ambulance américaine et de là au Grand-Hôtel...

Quarante-huit heures après, il était mort, malgré les soins du docteur Nélaton et le dévouement de sa tante, Mme Michel Goudchaux... C'est Mme Goudchaux qui a remis à Mme Franchetti la *rose* du général Trochu.

A quatre heures, on est maître du champ de bataille, et l'ennemi se replie avec précipitation.

32,000 coups de canon ont été tirés dans ces deux journées, l'artillerie et la cavalerie ont perdu 643 chevaux!... 6,000 hommes jonchèrent le champ de bataille!

La mort de notre commandant fut un deuil public. Paris était affiévré à cette heure. Aujourd'hui, on s'est refroidi, mais, le 7 décembre, toute la ville fit à Franchetti des obsèques de maréchal de France! Ceux qui ont assisté à la cérémonie funèbre ne l'oublieront pas. Au cimetière Montmartre, devant un détachement d'éclaireurs présentant les armes, le grand-rabbin, M. Isidor, fit une éloquente et patriotique allocution[1], puis M. Gabriel Benoît-Champy, d'une voix émue par les sanglots, jure, au nom de tous les camarades, de venger la mort de notre chef.

Pendant ce temps, le canon tonnait et les cœurs étaient loin de s'abattre à mesure que le deuil, la misère et la mort nous entouraient.

Qu'allait devenir cet escadron, sans celui qui l'avait créé, organisé et, je puis le dire, si bien dirigé?

Telle fut la question posée au général Du-

[1] Voir plus loin ce discours (page 217).

crot, le jour même où l'*Officiel* citait, en ces termes, notre commandant à l'ordre :

Auprès de cette vieille gloire (le général Renault) est venue s'éteindre une vie toute d'espérance : le commandant Franchetti a également succombé à la suite de sa blessure. Il avait conquis une place d'honneur au milieu des défenseurs de la capitale. Jeune, ardent, vigoureux de cœur et d'esprit, *il n'est pas de journée, depuis le commencement de la campagne, où il n'ait fait preuve de vaillance à la tête de la troupe d'éclaireurs à cheval qu'il avait formée* et qui pleure aujourd'hui l'homme qui avait si bien compris le parti qu'on pouvait tirer d'une pareille troupe d'élite.

P. O. *Le général chef d'état-major général,*

SCHMITZ.

De grandes récompenses furent accordées à notre escadron. MM. Begé et de Bully, qui s'étaient particulièrement distingués au moment où ils chargèrent aux côtés du général Ducrot, reçurent la croix ; MM. Guérin, Gaîdan et Chatelain furent décorés de la médaille militaire. MM. Cottrel et Bob furent portés en tête de la liste des décorations à décerner plus tard.

Enfin, ce fut au lendemain de la mort de son fondateur que le gouvernement de la Défense rendit le décret suivant :

Le gouvernement de la Défense nationale, considérant que le corps des éclaireurs à cheval, autorisé par l'arrêté du ministère de l'intérieur du 25 août dernier, est détaché de la garde sédentaire dont il continue à faire partie ;

Considérant que par cet arrêté l'escadron ne s'engageait à réclamer ni solde, ni indemnité ; mais que la prolongation imprévue du siége a imposé des sacrifices considérables à ceux des cavaliers qui ont pourvu aux frais dès l'organisation de ce corps ; que déjà la solde lui a été fournie par le ministère de la guerre ;

Que depuis le commencement des opérations militaires, ce corps a rendu plusieurs fois des services réels ; que plusieurs fois il a mérité l'honneur de la mise à l'ordre du jour ; qu'enfin il vient de recevoir son ordre d'entrée en campagne, l'attachant spécialement comme guides à l'une des armées de Paris ;

Décrète :

Il est alloué au corps des Éclaireurs de la Seine une indemnité en remboursement de dépenses justifiées.

Fait à Paris, le 27 décembre 1870.

Signé : GÉNÉRAL TROCHU, JULES FAVRE, ERNEST PICARD EMMANUEL ARAGO, JULES FERRY, GARNIER-PAGÊS, JULES SIMON, EUGÈNE PELLETAN.

Malgré ces hommages éclatants et ces récompenses si honorables, il y eut parmi nous un profond découragement. M. Gabriel Benoît-Champy fit de grands efforts pour continuer l'œuvre de Franchetti et il réussit à retenir, groupés autour de lui, la plupart des volontaires. MM. de Borda, Izoard, détachés auprès du colonel de Marcillac; Schneider, détaché auprès du général de Bellemare et quelques autres qui préférèrent rentrer dans les rangs de la garde nationale, furent autorisés à quitter l'escadron.

Grâce au général Ducrot, cet exemple donné

par des hommes énergiques et sympathiques ne
fut pas suivi, et le capitaine Favrot, aide de
camp du général en chef, continua à exercer
le commandement supérieur des éclaireurs
Franchetti, dont M. Gabriel Benoît-Champy fut
nommé chef de corps.

Voici le décret :

ORDRE

M. Benoît-Champy, capitaine-commandant de
l'escadron Franchetti, est reconnu comme chef
de corps, et autorisé à donner en cette qualité
toute signature, comme à exercer les fonctions.

P. O. *Le général, chef d'état-major général,*

FOY.

La tâche de M. Benoît-Champy devint des
plus ardues. La haute position qu'il occupait
dans l'escadron était bien différente de celle de
Léon Franchetti qui, en sa qualité d'ancien officier de l'armée, exerçait un réel prestige et
savait se faire obéir militairement. Gabriel

Benoît-Champy, lui, réformé du service militaire par suite d'une fracture à la jambe, directeur des chantiers travaillant pour l'Etat et connu par ses expéditions maritimes plutôt que par ses campagnes, avait déployé une énergie, une activité et une persévérance sans laquelle jamais l'escadron n'aurait pu s'organiser; mais sauf quelques-uns d'entre nous, personne n'avait pu s'en rendre compte, et comme le capitaine montait peu à cheval on croyait qu'il se contentait de veiller à l'administration, et on ignorait à peu près toutes les démarches dont il se chargea, les missions qu'il reçut et les services journaliers qu'il rendit à son pays et à ses camarades.

D'autre part, nous arrivions à cette terrible épreuve du siége où le froid, la neige, le verglas, la faim et le désespoir devaient nous accabler. Paris étant imprenable pour un ennemi aussi peu téméraire que les « affameurs de Metz, » et d'un autre côté, la trouée étant impraticable pour des troupes aussi peu consistantes que les nôtres, tout se réduisait à une question de vaillance morale. Les soudards du roi Guillaume avaient trouvé le mot avant d'avoir créé la chose : *la psychologie du siége de Paris.*

Nous n'étions plus des assiégés... mais des patients, et des patients impatients d'en finir. Tenir ferme signifiait souffrir.

Dans ces conditions-là, il semblait fort difficile de maintenir la discipline dans un corps de volontaires aussi surexcité que le nôtre, et aussi peu contenu par les officiers subalternes qu'on avait dû choisir parmi les anciens sous-officiers de l'armée, — c'est-à-dire parmi de braves maréchaux-de-logis ayant servi dans les cuirassiers, les dragons, le train ou l'infanterie, et, par conséquent, tout à fait insuffisants à la tête des pelotons d'éclaireurs.

Le général Ducrot était donc sur le point de licencier notre corps et de choisir, parmi les plus déterminés d'entre nous, vingt-cinq éclaireurs d'état-major que devait commander M. Lacombe, lorsque Benoît-Champy vint lui demander l'autorisation de continuer l'œuvre de Franchetti.

— Notre escadron pourra servir de type à un corps d'*Éclaireurs d'état-major,* corps qu'il faudra créer. Tel était le vœu de Franchetti, et je me fais fort de maintenir autour de vous les meilleurs de nos volontaires, sans essayer de retenir ceux qui voudraient se reposer sur nos lauriers; si notre général veut bien nous laisser sous le commandement supérieur d'un de ses aides de camp?

— Je vous approuve, répondit tristement le général en chef, pauvre Néverlée! pauvre Franchetti! je vous pleure, comme je pleure mon frère! Le 6 décembre, le général Ducrot venait d'apprendre la mort de son frère, tué sous Metz!

Nous fûmes cantonnés au fort de Vincennes et, le 9 décembre, le commandant Favrot nous passa en revue.

Chaque jour, et souvent chaque soir, on nous donna des missions périlleuses.

Le 21 décembre, pendant la bataille du Bourget, notre premier peloton reçut une mission d'honneur...

Le 19 janvier, à Buzenval, où jamais les Français ne se sont plus mal battus... quatre d'entre

nous ne quittèrent pour ainsi dire pas le général
en chef, qui les eut pour seule garde pendant
toute la nuit du 20 janvier à la maison Crochard.

Tandis que nous subissions, avec tout l'état-
major, le bombardement de ce poste avancé, le
premier peloton des éclaireurs passa la nuit
dans les tranchées du bord de la Seine, afin
d'observer les mouvements menaçants de l'ennemi victorieux.

Cette expédition nocturne fut la dernière[1]. Tandis que toute l'armée rentrait à Paris, il est à
noter que les FRANCHETTI, les LUXER et les
TIRAILLEURS DES TERNES furent les seules troupes capables, après vingt-quatre heures de
bataille, de rester, fermes et décidés, toute la
nuit en face des Prussiens, sans avoir reçu ni
vivres ni munitions!

— On devrait vous décorer tous, mes enfants,
nous dit le général Ducrot, lorsque, le 20 jan-

[1] Y prirent part MM. Benoît-Champy, de Kergariou,
Taconet, Debost, Paillard, Champlouvier, Hubert Debrousse, Dupré, Guérin, Soup, Lavril, de Larochefoucauld et tout le premier peloton.

vier, il traversa avec nous le champ de bataille en rentrant, le *dernier*, à Paris.

Et nos pauvres chevaux que j'allais oublier. Voilà de véritables héros, je les admirais, piétinant dans la neige fondue, rongeant les arbres, ployant sous l'équipement, la plupart blessés et sanglants! et destinés à être transformés si tôt en... viande de boucherie !

Et, maintenant, qu'on vienne nier le dévouement des troupes de volontaires! qu'on hésite encore à en tirer parti si la guerre doit sévir de nouveau !

L'utilité des éclaireurs est évidente ; si l'on veut consulter l'histoire, on verra que la faute de ne pas avoir eu d'éclaireurs a été funeste à toutes les armées.

Je ne peux mieux terminer ces notes militaires et patriotiques qu'en donnant la définition de l'éclaireur, par Franchetti :

« *Le devoir de l'éclaireur* est d'oser faire face, faire volte-face, se défier, se risquer et se replier à *tombeau ouvert*. »

A tombeau ouvert... ce terme de vénerie indique bien clairement que le cheval rapide et sûr de l'éclaireur est son meilleur moyen de salut. Qui d'entre nous, en effet, n'a dû plus d'une fois son salut à son cheval !

— Vous êtes l'œil et l'oreille de l'armée, nous dit le général Trochu, le jour où il nous fit personnellement l'honneur de nous inviter à sa table au fort d'Aubervilliers.

A ce modeste repas militaire, qui eut lieu à la fin du siége, et auquel assistaient le général Ducrot et tous les officiers supérieurs de l'état-major, le gouverneur de Paris fit l'éloge de l'escadron Franchetti. Je me souviens qu'au moment de se mettre à table, il me désigna la place de droite, à côté de lui, en disant aux officiers :

— Messieurs, un simple éclaireur Franchetti a rang de colonel.

Dans la soirée, il y eut un redoublement de bombardement. Chacun se désolait de l'inaction fatale à laquelle nous condamnait l'impuissance des armées de province. Le général Trochu me parut admirable de résignation.

— Nous tiendrons jusqu'au bout, disait-il, sans espoir, sans faiblesse. Heureux, dans leurs infortunes, les peuples qui, ruinés par l'ennemi victorieux, subissent tout sans consentir à subir le déshonneur.

Ces lignes étaient écrites quand la capitulation de Paris fut annoncée.

Je n'ai rien à y retrancher. J'aurais beaucoup à y ajouter aujourd'hui que je me décide à les publier, mais je préfère donner une dernière preuve du glorieux souvenir laissé par l'escadron Franchetti, en terminant ces récits par le fait suivant :

Il y a quelques jours (mai 1874), le maréchal président de la République voulut décerner au général Ducrot la croix de grand-officier.

L'ancien général en chef de l'armée de Paris, à ce jour commandant supérieur du 8ᵉ corps d'armée, à Bourges, refusa cette haute distinction, en répondant au maréchal :

— Je ne puis accepter aucune récompense honorifique tant qu'on n'aura pas décoré ceux que j'ai proposés pour la croix — notamment le commandant supérieur des *Volontaires-éclai-reurs Franchetti*, que j'ai eu sous mes ordres.

Quelques jours après, le *Journal officiel* contenait le décret nommant, au grade de chevalier de la Légion d'honneur, le chef d'escadron Favrot de Kerbreck, ancien commandant supérieur des éclaireurs à cheval (Franchetti).

VI

PAROLES

PRONONCÉES SUR LA TOMBE

DU COMMANDANT FRANCHETTI

PAR

M. LE GRAND-RABBIN ISIDOR

Frères et amis,

Inclinons-nous avec respect devant ce glorieux cercueil, et arrosons de nos larmes les dépouilles mortelles de ce jeune héros, tombé sur le champ du devoir et de l'honneur.

De toutes les pertes que nous déplorons depuis quelques mois, c'en est une des plus sensibles; de toutes les lacunes qui se produisent, hélas! dans nos rangs, c'en est une des plus profondes; de toutes les victimes de cette guerre impie, c'en est une des plus nobles et des plus vivement regrettées, et malgré les malheurs qui nous accablent, et bien que la France ne compte

13

plus ses deuils depuis quelque temps, la mort de Franchetti a eu le douloureux privilége de raviver toutes les plaies, de rouvrir toutes les blessures et de jeter la consternation dans tous les cœurs.

Mes amis, en voyant tomber toutes ces belles individualités, en voyant tout ce noble sang de nos enfants répandu à flots, voici ce que je vous dirai : N'ayons point de défaillance, ne nous laissons pas aller au désespoir. Poursuivons la lutte et puisons dans nos malheurs mêmes un nouveau courage! Voyons-y, non le signe de notre mort, mais celui de notre délivrance; voyons-y la réalisation de cette consolante parole de la Bible : « *Je contracterai avec mes enfants une nouvelle alliance, dit l'Eternel, et je la scellerai du sang de ceux qui me sont le plus chers!* » — Oui, espérons : nos souffrances et nos dévouements engagent Dieu; il nous en doit le prix et il s'en acquittera, soyez-en convaincus. Ayons une foi virile, et que les sacrifices ne nous effrayent point; ce sont autant de rançons qui nous rachèteront, autant de graines confiées à la terre, qui lèveront et produiront une riche et glorieuse moisson!

Messieurs, je n'essayerai point de vous raconter la vie de Franchetti, cette belle vie couronnée par une si belle mort; je ne le pourrais pas. En présence du deuil qui couvre la France, en présence de notre patrie envahie, souillée, meurtrie, notre cœur à tous est brisé, et quand le cœur souffre, la bouche est impuissante à parler! Vous avez tous connu le commandant Franchetti, vous avez admiré cette vaillante nature, cette âme d'élite, ce cœur si dévoué et si sympathique, et son éloge est dans toutes les bouches, comme son deuil est dans tous les cœurs. — Que signifierait, d'ailleurs, mon éloge à côté de celui qui lui a été décerné par le gouvernement même de la Défense nationale! Les hommes de bien, les grands citoyens qui dirigent nos destinées, l'avaient honoré de leur confiance, lui avaient donné un témoignage public de leur estime, et inscrit son nom sur le livre d'or de la patrie!

Au premier cri de la France envahie, à la nouvelle de nos premiers désastres, Franchetti se lève, et il n'a plus qu'une pensée : *servir, défendre et sauver son pays.* Ah! messieurs, la patrie, vous le savez, c'est une mère, et plus une mère est malheureuse, plus ses enfants l'entourent de soins et de sollicitude. Il groupe autour de lui quelques vaillants cœurs comme le sien ; il leur communique son énergique résolution, son ardeur patriotique, et il organise ce brillant escadron d'éclaireurs qui est toujours au premier rang, partout où il y a du danger, qui a rendu déjà de si grands services au gouvernement, et qui aura une belle page dans l'histoire de la défense nationale! Et vous, mes amis, vous si courageux, si impassibles devant la mort sur le champ de bataille, j'éprouve une profonde émotion en vous voyant pleurer devant le cercueil de votre commandant! Vous le couvrez de vos larmes, et votre douleur proclame bien haut et son mérite et votre affection. Vous continuerez son œuvre, messieurs, vous vous rendrez dignes de lui en marchant sur ses traces, et vous le vengerez en sauvant la France!

Marié à une jeune femme qu'il a rendue heureuse et qui était fière de lui, entouré de toutes les joies et de toutes les bénédictions de la famille, il quitte tout pour se vouer tout entier à la défense de son pays; et, craignant que la présence d'êtres chéris ne puisse affaiblir son courage, il les supplie, il les adjure, il leur ordonne de s'éloigner du théâtre de la guerre.

Ah! que leur dirons-nous, à cette jeune femme frappée au cœur, à cette enfant déjà orpheline à trois ans, à cette mère aujourd'hui doublement veuve, à cette belle-mère qui l'aimait comme le plus cher de ses enfants, à toute cette famille absente ; que leur dirons-nous quand elles reviendront et quand elles nous redemanderont leur fils, leur père, leur époux? Comment les consolerons-nous? Nous leur montrerons d'un côté la France, et de l'autre le ciel ; et nous leur dirons : Franchetti est mort pour la France, et il est retourné au ciel à côté de ceux qui ont, comme lui, servi et illustré le pays. Nous leur dirons : Franchetti n'est plus, mais son souvenir ne périra pas, car ce souvenir est béni et glorieux!

Messieurs, quand une nation, au milieu de si grands malheurs, sait encore produire de tels dévouements, enfanter de tels héros, ce n'est pas, je vous le dis, une nation vaincue, ce n'est pas une nation perdue, ce n'est pas une nation morte ! Ce qui périt en ce moment, ce sont nos faiblesses et nos égarements. Nous profiterons des leçons que la Providence, dans sa sagesse, donne parfois aux peuples comme aux individus, et nous nous relèverons! Oui, nous nous relèverons en nous éclairant à la sanglante lueur des grands désastres qui nous frappent. Mais honte et anathème, au nom du Dieu de l'univers, au nom du Dieu des juifs et des chrétiens, qui est le Père de toutes ses créatures, au nom du Dieu de l'humanité, qui est un Dieu d'amour et de charité, et non un Dieu de bataille et de carnage ; honte et anathème sur tous ceux qui cherchent leur gloire dans le sang versé! Conservons, nous, le calme, la foi et l'espérance, et n'oublions pas que si le jour d'aujourd'hui appartient à l'injustice, à l'iniquité, à la force brutale, le jour de demain appartiendra à la justice, à la vérité et à la liberté!

Ne craignons rien ; Dieu a été avec nous dans le passé, il le sera encore dans l'avenir. Il sauvera la France, la France aujourd'hui humiliée et ensanglantée, il la sauvera, et elle sera toujours belle et grande, toujours l'appui des faibles, la mère des opprimés : elle sera belle et grande, non par le carnage et la dévastation qu'elle répandra autour d'elle, — c'est une gloire dont nous ne voulons pas, — mais par les principes de justice qu'elle proclamera, par les idées de liberté qu'elle répandra dans le monde ; et les nations marcheront toujours, selon la belle parole du prophète, à la lueur de son divin flambeau. Ceux qui tombent nous serviront d'exemple ; sur leur cercueil, nous qui sommes debout, nous prenons tous l'engagement sacré de continuer leur œuvre, de défendre la France, et de ne remettre l'épée dans le fourreau, — cette épée dont nous maudissons l'usage que nos ennemis nous forcent d'en faire, — que lorsqu'il n'y aura plus un seul de nos ennemis sur le sol de la patrie.

Amis, l'heure des grands devoirs sonne comme un tocsin ; écoutons la voix du canon, faisons notre devoir, et Dieu fera le reste.

Et vous qui dormez ici de l'éternel sommeil, vous qui étiez si fier de votre France, qui aviez concouru à sa gloire, à son honneur, à sa liberté, réveillez-vous ; soulevez le couvercle de votre tombeau et venez joindre vos prières aux nôtres. Demandez à Dieu d'avoir pitié de nous et de nous assister dans cette lutte suprême.

Pour moi, je suis de cœur et d'âme avec ceux qui ont entrepris la grande tâche de la délivrance, et si je ne puis que les accompagner de mes vœux et de mes plus ardentes sympathies, je ne cesserai de prier pour eux, pour la France, pour ses enfants morts, pour ses blessés, ses orphelins et ses soldats.

Adieu Franchetti, adieu vaillant frère; j'ai béni ton mariage il y a quelques années sous le dais nuptial, et je te bénis aujourd'hui dans ton cercueil, dans cette tombe que la France couvre aujourd'hui de fleurs et de lauriers, et que Dieu remplira demain d'étoiles. Tu ne seras pas oublié, nous te conserverons une place dans notre cœur ; car deux choses nous restent de toi : sur la terre, ton nom entouré de l'auréole du martyre ; et. dans le ciel, ton âme unie à Dieu.

DIEU PROTÉGE LA FRANCE

AMEN

VII

CONTROLE PAR ANCIENNETÉ

DE L'ESCADRON DES ÉCLAIREURS A CHEVAL

DE LA SEINE

ÉTAT-MAJOR

Franchetti (Léon), chef d'escadron ✻, décoré le
15 octobre 1870 ; chef de corps (tué à l'ennemi).

Le commandant Favrot de Kerbreck ✻, prend le
commandement supérieur de l'escadron le 6 décembre 1870, décoré le 17 mars 1874.

Benoît-Champy (Gabriel), capitaine-commandant ✻ O, nommé officier de la Légion d'honneur
le 8 février 1871.

Joly de Marval (Edouard), capitaine adjudant-
major ✻, décoré le 8 décembre 1870.

✻

Lacombe (François), lieutenant, premier peloton ✳, décoré le 10 décembre 1871.

MEMBRES ÉLUS DU CONSEIL DU CORPS

Rodrigues (Edgar), médaillé militaire le 25 octobre 1870.

Debost (Emile), maréchal des logis le 15 novembre 1870.

Crabère (Germain), détaché auprès de l'amiral Pothuau, le 15 novembre 1870 (mort).

Simonne (Albert), sous-lieutenant, hors peloton.

Beaulieu (Emile), sous-lieutenant, trésorier d'administration.

De Susini (Paul), sous-lieutenant, troisième peloton.

Portet (François), sous-lieutenant, deuxième peloton.

Worms (Lucien) ✳, sous-lieutenant hors rang, décoré le 8 février 1871.

Fournier (Charles), adjudant (mort).

Leroy d'Etioles (Raoul) ✳, chirurgien.

Barthélemy (Pierre), vétérinaire.

SOUS-OFFICIERS ET BRIGADIERS

Malherbe (Gustave), maréchal des logis chef (au dépôt).

Taconnet (Ferdinand), maréchal des logis.
De Kergariou (Emmanuel), maréchal des logis, décoré le 25 octobre 1870.
Paillard (Jules), maréchal des logis.
Clancau (Emile), maréchalerie, id.
Champrouvier (Charles), id.
De Dauvet (Louis), id.
Rogniat (Abel) ✻, vaguemestre, id.
Billat (Henry), id.
De Marcy (Albert), secrétaire du général Ducrot, le 10 décembre 1870.
Brunard (Georges), maréchal des logis fourrier.
Crémieux (Jules), brigadier.
Couteau (Aristide), id.
Pilté (Alphonse), id.
Carriès (Henry), id.
Coignet (Henry), id.
Chatelain (Félix), médaillé le 8 décembre 1870.
Robert (Paul), id.
Juif (Emile), id.
De Grimaud (Marcel), id.
Speneux (Louis), id.
Tollu (Camille), id.
De Susini (Fernand), id.
Félippini (Antoine), médaillé, avril 1872, id.
De Bechman (Fernand) ✻, décoré le 20 octobre 1871, id.
Cabany (Julien), id.

Marchand (Henry), médaillé, avril 1872, id.
Waché (Edouard), id.
De Beckman (Raoul), médaillé après la Commune.
Malroux (Jean), brigadier-trompette.
Duval (Ernest), trompette.
Dalotel (Louis), id.

LISTE DES CAVALIERS-ÉCLAIREURS

Rodrigues (Edgar), médaillé le 25 octobre 1870.
Soupe (Antonin), id.
De Montaudin (Alph.), id.
Guérin (Edmond), médaillé le 8 décembre 1870.
Lavril (Emile), id.
Delahaut (Paul), id.
De Bédee (Léon), id., cavalier de 1re classe.
Sarran, id.
Grimont (Marcel), id.
Sirot (Jules), id.
De Matignon (Louis), id.
Pellerin (Albert), id.
Bobe (Alfred), id., cavalier de 1re classe.
Darbaud (Charles), id.
Cavailhon (Edmond), id.
De Mayrena (Raymond), id.
Cottrel (Charles), id., cavalier de 1re classe.
Soupplet (Frédéric), id.
Flamand (Emile), id.

D'Erceville (Alfred), id.
Sibut (Marius), id.
Laporte (Jean-Baptiste), id.
Estève (Henry), id.
Lefèvre (Raoul), id.
Le Maux (Paul), id.
Lasseron (Georges), id.
Franconi (Georges), id,
Debrousse, id.
Champeaux (Jean), id., médaillé, avril 1872.
Lecoutre (Pierre), id.
Roche (René), id., éclaireur.
Maes (Emile), id.
Lévy (Armand), id.
Guéret (Philippe), id.
Dupré (Alfred), id.
Chéradame (Louis), id.
Bonnet (Gustave), id.
Gaidant (Auguste), id., médaillé le 8 décembre 1870.
Larivière-Renouard. id.
De Freyssinet, id.
Rostand (Arthur), id.
Oberkampf (Paul), id.
Billié (Julien), id.
Briquant (Raoul), id., médaillé le 9 février 1871.
Kévrin (Louis), id.
De Bully (Léon) ✳, id., décoré le 8 décembre 1870
    (mort).

Bégé (Jules) ✻, id., décoré le 8 décembre 1870.

De Larochefoucauld (Raoul), id.

De Beauvais (Auguste), id.

Larsonnier (Raymond), id.

Vatel (Eugène), id.

Mahier (Georges), id.

Maunier (Ferdinand), id.

Leduc (Albert), id.

Marienval (Gustave), id.

Lacasse (Georges), id.

Distribué (Eugène), id.

Fontana (Charles), id.

Le Boucher (Léon), id.

Joannès (François-Emile), id.

De Bussière (Edmond), id., médaillé le 9 février 1871.

Versepuy (Arthur), id.

Le Fez (Maurice), id., médaillé le 9 février 1871.

Jay (Joseph), id., médaillé le 9 février 1871.

Hamard (Jules), id.

Le Maye de Moyseau, id.

Durosay (Georges), id.

De Sinety (Henry), id.

Mairet (Henry), id.

Rivière (Adolphe), id.

Fould (Gustave), id., fonde l'escadron des *Volontaires de la France* dès le 15 novembre 1870.

De Borda ✻, a quitté l'escadron après la mort du

commandant, engagé dans les volontaires de la
Seine et décoré le 15 juin 1872.

Izoard, médaillé le 9 février 1871, détaché auprès
du colonel de Marcillac.

Schneider, médaillé le 9 février 1871, détaché
auprès du général de Bellemare.

Lucy (Armand), médaillé le 15 octobre 1871, avait
quitté l'escadron pour s'engager dans le 69ᵉ bataillon de marche, qui s'est distingué à Buzenval.

MM. Delamare, Duteil et quelques autres quittèrent l'escadron vers la fin du siége.

FIN

TABLE

Paris. — Imprimerie Ch. SCHILLER, 10, rue du Faubourg-Montmartre.

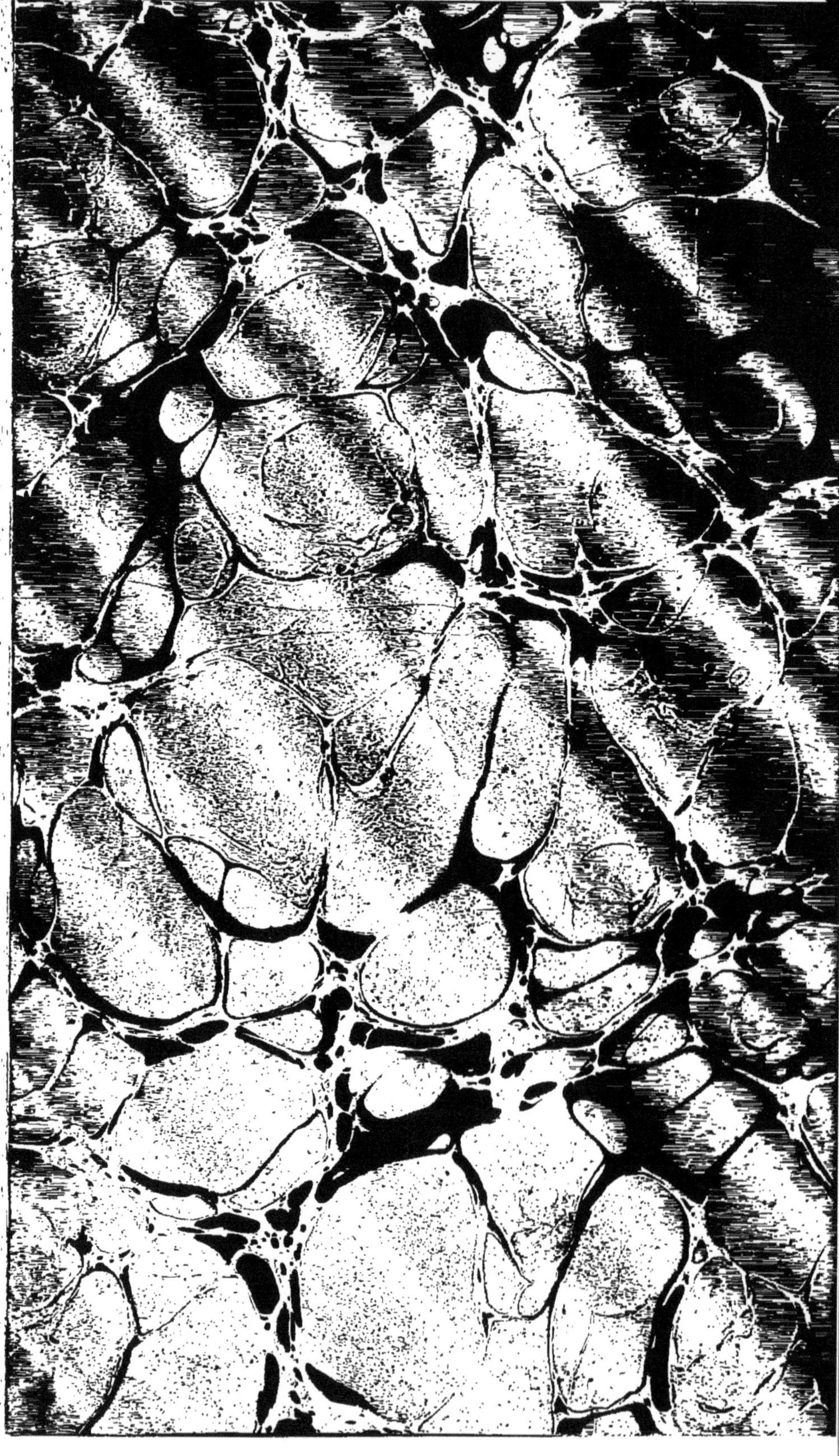

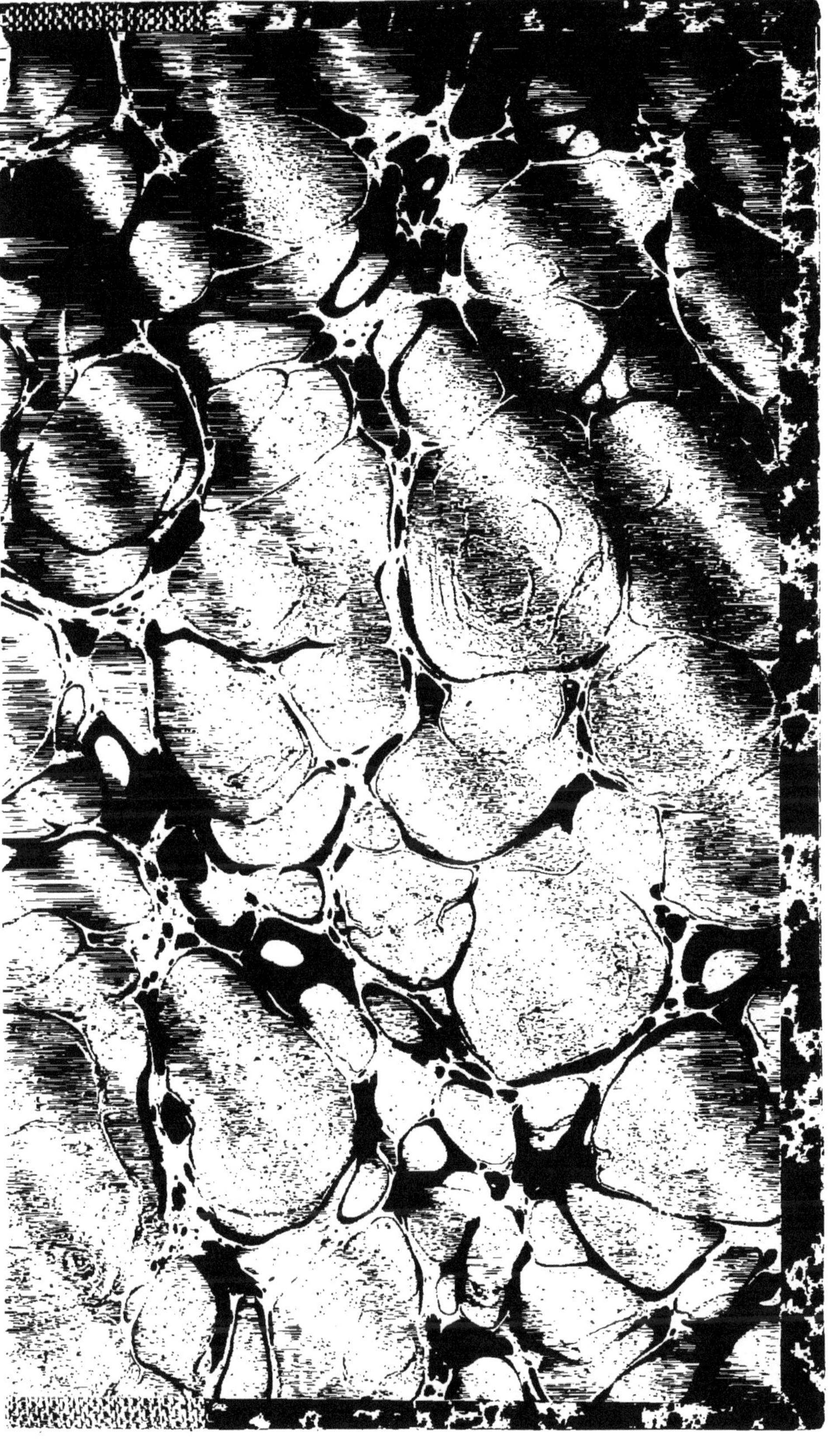

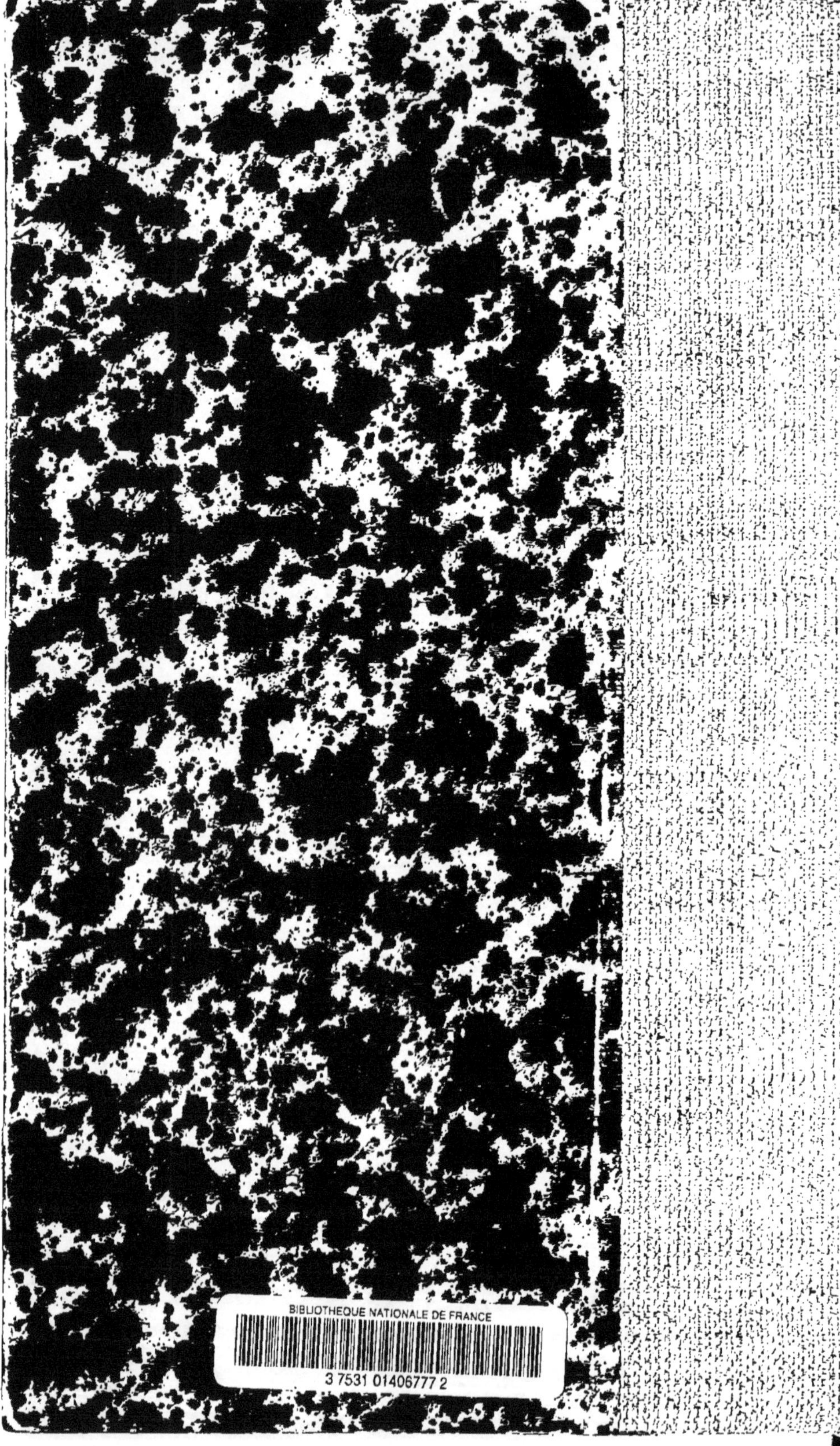

BIBLIOTHEQUE NATIONALE DE FRANCE
3 7531 01406777 2